De la Pobreza al Poder

*la realización de
la prosperidad y la paz*

James Allen

De la pobreza al poder
- la realización de la prosperidad y la paz
por James Allen

Traducido de la obra en inglés:
From Poverty to Power; or the Realization of Prosperity and Peace
by James Allen
traducido por Víctor M. Rosas García

Edición editada por
Editorial Renuevo, LLC

ISBN: 978-1-937094-02-7
Impreso en EEUU
Primera edición - enero, 2012

Publicado por
Editorial RENUEVO
www.EditorialRenuevo.com
info@EditorialRenuevo.com

TABLA DE CONTENIDO

- Prefacio

- Parte I: El camino a la prosperidad

1. La lección del mal
2. El mundo es un reflejo de estados mentales
3. El modo de salir de condiciones indeseables
4. El silencioso poder del pensamiento: controlando y dirigiendo las propias fuerzas
5. El secreto de la salud, el éxito y el poder
6. El secreto de la felicidad abundante
7. La realización de la prosperidad

- Parte II: El camino de la paz

1. El poder de la meditación
2. Los dos maestros: El Yo y La Verdad
3. La adquisición de poder espiritual
4. La realización de amor abnegado
5. Entrando en el infinito
6. Santos, sabios y salvadores: La Ley del Servicio
7. La realización de la paz perfecta

Prefacio

Miré al mundo alrededor, y vi que estaba ensombrecido por pena y arrasado por los fieros fuegos del sufrimiento.

Y busqué la causa. Miré alrededor, sin hallarla; la busqué en libros, sin hallarla; la busqué dentro de mí y encontré la causa y la naturaleza mía de esa causa.

Miré de nuevo, ahora más profundamente, y hallé el remedio.

Hallé una Ley, la Ley del Amor; una Vida, la Vida de conformidad con esa Ley; una Verdad, la verdad de una mente conquistada y un corazón callado y obediente.

Y soñé con escribir un libro que ayudara a hombres y mujeres, ya fueran ricos o pobres, ilustrados o iletrados, mundanos o místicos, a encontrar dentro de ellos mismos la fuente de todo el éxito, toda la felicidad, todos los logros, toda la verdad.

Y el sueño permaneció conmigo, y por fin tomó sustancia, y ahora lo envío hacia el mundo en su misión de sanar y bendecir, sabiendo que no puede sino llegar a los hogares y corazones de aquellos que están listos para recibirlo.

James Allen

Parte I

El camino a la prosperidad

De la pobreza al poder

La lección del mal

La inquietud, el dolor y la pena son las sombras de la vida. No hay un solo corazón en todo el mundo que no haya sentido el aguijón del dolor, ninguna mente se ha librado de caer en las oscuras aguas del problema, no hay ojo que no haya llorado ardientes y cegadoras lágrimas de indecible angustia.

De la pobreza al poder

La lección del mal

No hay casa donde los Grandes Destructores, la enfermedad y la muerte, no hayan entrado, separando los corazones y cubriendo todo con el oscuro lienzo de la pena. En las fuertes, y aparentemente indestructibles redes del mal todos están atrapados, en mayor o menor grado, y el dolor, la infelicidad y la desventura atienden a la humanidad.

Con el objeto de escapar, o de algún modo mitigar este sombrío abatimiento, hombres y mujeres se apresuran ciegamente hacia innumerables invenciones, caminos que ilusamente esperan que los lleven a una felicidad que no termine.

Tales son el borracho y la ramera, que se revelan en emociones sensuales; tal es el esteta exclusivo, que se cierra a las penas del mundo, y se rodea con lujos debilitantes; tal es quien, sediento de riquezas o fama, subordina todas las cosas al logro de su objetivo; y tales son quienes buscan consuelo en la realización de ritos religiosos.

Y a todos parece llegarles la felicidad buscada, y el alma, por un tiempo, es arrullada en una dulce seguridad, y un embriagante olvido de la existencia del mal; pero al fin llega el día de la enfermedad, o alguna gran pena, tentación o desventura se presenta repentinamente en el alma sin fortaleza, y el tejido de su fantasiosa felicidad es reducido a jirones.

Así, sobre la cabeza de cada alegría personal, cuelga la espada de Damocles del dolor, listo en cualquier momento, para caer y aplastar el alma de quien no está protegido por el conocimiento.

El niño llora porque quiere ser hombre o mujer: el hombre y la mujer suspiran por la felicidad perdida de la infancia. El hombre pobre se impacienta bajo las cadenas de la pobreza que lo atan, y el hombre rico frecuentemente vive temiendo la pobreza, o trota el mundo entero en busca de una elusiva sombra que llama felicidad.

A veces el alma siente que ha hallado una paz y felicidad seguras al adoptar una cierta religión, al abrazar una filosofía intelectual, o al construir un ideal artístico o intelectual; pero una tentación arrolladora demuestra que la religión era inadecuada o insuficiente; la filosofía teórica resulta ser una baratija inútil, la estatua idealista en la cual el devoto ha bregado tantos años se desmorona en fragmentos a sus pies.

Entonces, ¿no hay modo de escapar del dolor y la pena?

¿No hay medios para romper las ataduras del mal? ¿Son acaso la felicidad permanente, la prosperidad segura y la paz duradera, un sueño tonto?

¡No! Hay un modo, y lo digo con alegría, mediante el cual el mal puede ser exterminado; hay un proceso mediante el cual la enfermedad, la pobreza o cualquier condición adversa puede ser alejada para nunca volver; hay un método mediante el cual puede asegurarse prosperidad permanente, libre del miedo de que la adversidad regrese, y hay una práctica mediante la cual es posible realizar paz y júbilo interminables e ininterrumpidos.

Y el principio del camino que lleva a esta comprensión gloriosa es la adquisición de un entendimiento correcto de la naturaleza del mal.

No basta con negar o hacer caso omiso del mal; debe ser entendido. No basta con orar para que Dios elimine el mal; debes averiguar porqué está ahí, y cuál es la lección que encierra para ti.

No tiene caso preocuparse y humear ni impacientarse contra las cadenas que te atan; debes saber por qué y cómo estás atado. Por tanto, lector, debes salir de ti mismo, y debes comenzar a examinarte y entenderte.

Debes dejar de ser un niño desobediente en la escuela de la experiencia y debes empezar a aprender, con humildad y paciencia, las lecciones puestas para tu edificación y —en último caso— perfección; ya que el mal, cuando es correctamente comprendido, resulta ser no un poder ilimitado o principio del universo, sino una fase pasajera de la experiencia humana, y por lo tanto se convierte en un maestro para aquellos dispuestos a aprender.

El Mal no es una cosa abstracta fuera de ti; es una experiencia en tu propio corazón, y al ir pacientemente examinando y rectificando tu corazón gradualmente serás conducido al descubrimiento del origen y la naturaleza del mal, lo cual será necesariamente seguido de su completa erradicación.

Todo mal es correctivo y sirve como remedio y, por ende, no es permanente. Está enraizado en la ignorancia, ignorancia de la verdadera naturaleza y relación de las cosas, y en tanto permanezcamos en ese estado de ignorancia, permaneceremos sujetos al mal.

No hay mal en el universo que no sea el resultado de la ignorancia, y que no pudiera —si estuviéramos listos y dispuestos a aprender su lección— guiarnos a mayor sabiduría, y luego desvanecerse. Pero los hombres permanecen en el mal, y éste no termina de pasar porque los hombres no están dispuestos o preparados para aprender la lección que vino a enseñarles.

Conocí un niño que, cada noche cuando su madre lo metía a la cama, lloraba pidiendo le dejaran jugar con la vela; y una noche, cuando la madre se descuidó por un momento, el niño tomó la vela; el resultado inevitable siguió, y el niño jamás deseó jugar de nuevo con la vela.

Por su torpeza aprendió, y aprendió perfectamente la lección de obediencia, y entró al conocimiento de que el fuego quema. Y este incidente es una ilustración completa de la naturaleza, significado y resultado último de todo el pecado y el mal.

Así como el niño sufrió por su ignorancia de la naturaleza real del fuego, niños mayores sufren por su ignorancia de la naturaleza real de las cosas por las cuales claman y luchan, y que les dañan cuando las tienen seguras; la única diferencia es que en el último caso la ignorancia y el mal están más oscuros y más profundamente enraizados.

El Mal siempre ha sido simbolizado por la oscuridad, y el Bien por la luz, y oculto dentro del símbolo está contenida la interpretación perfecta, la realidad; ya que, así como la luz inunda el universo, y la oscuridad es una mera mancha o sombra proyectada por un pequeño cuerpo que intercepta unos cuantos rayos de la luz ilimitada, así la Luz del Bien Supremo es el poder positivo y dador de vida que inunda el universo, y el mal es la sombra insignificante proyectada por mí que intercepta y tapa los rayos iluminadores que luchan por entrar.

Cuando la noche envuelve el mundo en su impenetrable manto negro, no importa qué tan densa sea la oscuridad, cubre solamente el pequeño espacio de la mitad de nuestro pequeño planeta, mientras el universo entero está encendido con luz viva, y cada alma sabe que despertará en la luz de la mañana.

Sabe, entonces, que cuando la noche oscura de la pena, el dolor o la desventura descienda sobre tu alma, y des traspiés con pasos débiles e inseguros, que simplemente estás bloqueando con tus deseos personales la ilimitada luz de júbilo y regocijo, y la oscura sombra que te cubre es proyectada por nadie más que tú.

Y tal como la oscuridad externa no es más que una sombra negativa, una falta de realidad que viene de la nada, va a ninguna parte y no tiene lugar de residencia, así la oscuridad interna es igualmente una sombra negativa que pasa temporalmente por el alma luminosa en evolución.

«Pero,» me imagino escuchar, «¿qué necesidad hay de pasar por la oscuridad del mal?» Porque por ignorancia, elegiste hacerlo, y porque al hacerlo, podrás entender el bien y el mal, y podrás apreciar mejor la luz habiendo pasado por la oscuridad.

Dado que el mal es el resultado directo de la ignorancia, cuando las lecciones del mal son completamente aprendidas, la ignorancia se va y toma su lugar la sabiduría. Pero, así como un niño desobediente rehúsa aprender sus lecciones en la escuela, es posible rehusarse a aprender las lecciones de la experiencia, y así permanecer en continua oscuridad, y continuamente sufrir castigos repetidos en la forma de enfermedad, decepción y pena.

Aquél que, por lo tanto, quiera sacudirse el mal que tiene en sí mismo, debe estar dispuesto y listo para aprender, y debe estar preparado para soportar el proceso disciplinario sin el cual no puede lograrse un grano de sabiduría o de felicidad duradera.

Un hombre puede encerrarse en un cuarto oscuro, y negar que exista la luz, pero ésta existe en todas partes por fuera, y la oscuridad existe sólo en su pequeña habitación.

Así puedes tapar la luz de la Verdad, o puedes comenzar a demoler las paredes del prejuicio, la búsqueda egoísta y el error que has construido a tu alrededor, y permitir que entre la Luz gloriosa y omnipresente.

Mediante un serio auto-examen lucha por darte cuenta, y no sólo mantener como teoría, que el mal es una fase transitoria, una sombra creada por uno mismo; que todos tus dolores, penas y desventuras han llegado a ti por un proceso de ley sin desviaciones y absolutamente perfecto; han llegado a ti porque las mereces y las necesitas, y que, primero soportándolas y luego entendiéndolas, llegarás a ser más fuerte, más sabio, más noble.

Cuando te hayas dado plena cuenta de esto, estarás en posición de moldear tus propias circunstancias, transformar el mal en bien y tejer, con mano diestra, el tejido de tu destino.

De la noche, ¡Oh Vigía! ¿Has visto aún
La destellante aurora sobre las cimas de las montañas,
El Heraldo dorado de la Luz de luces,
Han pisado sus bellos pies los montes?
¿No ha venido a ahuyentar la oscuridad,
Y con ella a todos los demonios de la Noche?
¿Han herido sus dardos luminosos tus ojos?
¿Has escuchado su voz, el sonido de la perdición del error?

La Mañana llega, amante de la Luz;
Aun ahora, cubre con oro el borde de las montañas,
Borrosamente veo la ruta aun ahora
Sus brillantes pies apuntan a la Noche.
La oscuridad pasará, y todas las cosas
Que aman la oscuridad, y que odian la Luz
Desaparecerán para siempre con la Noche:
¡Alégrense! Porque así canta el veloz Heraldo.

El mundo es un reflejo de estados mentales

Lo que eres, eso es tu mundo. Todo en el universo es resuelto en tu experiencia interna. Importa poco lo que hay afuera, ya que es un reflejo de tu propio estado de consciencia.

De la pobreza al poder

El mundo es un reflejo de estados mentales

Importa todo lo que eres internamente, ya que todo lo externo será reflejado y coloreado de acuerdo a eso.

Todo lo que sabes con seguridad está contenido en tu propia experiencia; todo lo que sabrás debe pasar las puertas de la experiencia, y así volverse parte de ti mismo.

Tus pensamientos, deseos y aspiraciones componen tu mundo, y, para ti, todo lo que hay en el universo de belleza, alegría y tranquilidad, o de fealdad, pena y dolor está contenido dentro de ti mismo.

Por tus propios pensamientos haces o deshaces tu vida, tu mundo, tu universo. A medida que construyes lo interno con el poder del pensamiento, tu vida externa y las circunstancias tomarán forma de acuerdo a eso.

Lo que sea que guardes en las cámaras mas escondidas de tu corazón, por la inevitable ley de reacción, tomará forma en tu vida externa.

El alma que es impura, sórdida y egoísta, gravita con precisión inigualable hacia la desventura y la catástrofe; el alma que es pura, generosa y noble gravita con igual precisión hacia la felicidad y la prosperidad.

Cada alma atrae lo suyo, y nada puede venir hacia ella que no le pertenezca. Darse cuenta de esto es reconocer la universalidad de la Ley Divina.

Los incidentes de cada vida humana, que construyen y desfiguran, son atraídos por la calidad y el poder de su propia vida de pensamientos interiores. Cada alma es una combinación compleja de experiencias reunidas y pensamientos, y el cuerpo es sólo un improvisado vehículo para su manifestación.

Por tanto, lo que son tus pensamientos es tu Yo real; y el mundo alrededor, tanto animado como inanimado, viste como tus pensamientos lo visten.

«Todo lo que somos es el resultado de lo que hemos pensado. Está fundado en nuestros pensamientos; está hecho de nuestros pensamientos.» Así dijo Buda, y por ende se sigue que si un hombre es feliz, es porque entretiene pensamientos felices; si es miserable, lo es porque entretiene pensamientos de abatimiento y debilidad.

Ya sea uno miedoso o valiente, torpe o sabio, atribulado o sereno, dentro de dicha alma yace la causa de su estado y nunca por fuera. Y ahora me parece oír un coro de voces que exclaman: «¿Pero realmente quieres decir que las circunstancias externas no afectan nuestras mentes?» No digo eso, lo que digo es —y sé que es una verdad infalible— las circunstancias solamente pueden afectarte hasta donde tú lo permitas.

Tú eres gobernado por las circunstancias porque no tienes una comprensión correcta de la naturaleza, y el uso y poder del pensamiento.

Crees (y de esta pequeña palabra «creencia» dependen todas nuestras penas y alegrías) que las cosas externas tienen el poder de hacer o deshacer tu vida; al hacer eso te haces súbdito de esas cosas externas, confiesas que eres su esclavo, y que ellas son tus maestros incondicionales; al hacer eso, las dotas de un poder que no tienen por ellas mismas, y sucumbes, en realidad, no a las meras circunstancias, sino al abatimiento o contentamiento, el miedo o la esperanza, la fuerza o debilidad que tu esfera de pensamiento ha arrojado hacia ellas.

Conocí a dos hombres que, en su juventud, perdieron los ahorros duramente ganados de años. Uno estaba muy atribulado, y cedió al disgusto, la preocupación y el abatimiento.

El otro, al leer en el periódico matutino que el banco en el que tenía depositado su dinero había fallado sin remedio, y que había perdido todo, tranquila y firmemente dijo, «Pues se ha ido, y las preocupaciones y molestias no lo traerán de vuelta, pero el trabajo duro sí.»

Se dedicó a trabajar con renovado vigor, y rápidamente llegó a ser próspero, mientras que el otro, dedicado a continuar lamentándose por la pérdida de su dinero, y a gruñir por su «mala suerte» permaneció siendo juguete de circunstancias adversas, en realidad de sus propios pensamientos débiles y esclavizantes.

La pérdida del dinero fue una maldición para uno porque vistió al evento con pensamientos oscuros y tristes; fue una bendición para el otro, porque éste arrojó a su alrededor pensamientos de fuerza, esperanza y renovado esfuerzo.

Si las circunstancias tuvieran el poder de bendecir o dañar, afectarían a todos por igual. Pero el hecho de que las mismas circunstancias serán buenas o malas para almas diferentes prueba que lo bueno o malo no está en la circunstancia, sino en la mente de quien la encuentra.

Cuando empieces a darte cuenta de esto empezarás a controlar tus pensamientos, a regular y disciplinar tu mente, y a reconstruir el templo interior de tu alma, eliminando todo el material inútil y superfluo, e incorporando en tu ser sólo pensamientos de alegría y serenidad, de fuerza y vida, de compasión y amor, de belleza e inmortalidad; y a medida que hagas esto te volverás alegre y sereno, fuerte y saludable, compasivo y amoroso, y bello con la belleza de la inmortalidad.

Y así como vestimos los eventos con las telas de nuestros pensamientos, del mismo modo vestimos los objetos del mundo visible alrededor, y donde uno ve armonía y belleza, otro ve asquerosa fealdad.

Un naturalista entusiasta estaba un día vagando por el campo por pasatiempo, y durante sus paseos encontró un charco de agua desagradable cerca de una granja.

Al tiempo que llenaba una pequeña botella con el agua para luego examinarla al microscopio, describió, con más entusiasmo que discreción, todas las innumerables maravillas contenidas en el charco al rústico hijo del granjero que lo veía a corta distancia, y terminó diciendo: «Sí, mi amigo, dentro de este charco hay cien, no, un millón de universos, si tan sólo tuviéramos el sentido o instrumento para verlos.» Y el de poco refinamiento contestó sin gracia: «Yo sé que el agua está llena de renacuajos, pero es fácil pescarlos.»

Donde el naturalista, con su mente llena de conocimiento de hechos naturales, vio belleza, armonía y gloria oculta, la mente no versada sobre esas cosas vio solamente un ofensivo charco lodoso.

La flor silvestre que el caminante casual pisa sin fijarse es, para el ojo espiritual del poeta, un mensajero celestial de lo invisible.

Para muchos, el océano es una aburrida masa de agua donde los barcos navegan y a veces naufragan; para el alma del músico es una cosa viva, y escucha, en todos sus cambiantes humores, armonías divinas.

Donde la mente ordinaria ve desastre y confusión, la mente del filósofo ve la más perfecta secuencia de causa y efecto; y donde el materialista no ve sino muerte infinita, el místico ve vida eterna y pulsante.

Y así como vestimos eventos y objetos con nuestros pensamientos, del mismo modo vestimos las almas de los demás en las ropas de nuestros pensamientos.

El desconfiado cree que todos son desconfiados; el mentiroso se siente seguro pensando que no es tan tonto como para creer que exista una persona estrictamente verdadera; el envidioso ve envidia en cada alma; el codicioso piensa que todos están ansiosos de quitarle su dinero; el que ha acallado su conciencia para hacerse rico, duerme con un revólver bajo su almohada, envuelto en el engaño de que el mundo está lleno de gente sin conciencia ansiosa por robarle; y el que se ha abandonado a la sensualidad piensa que el santo es un hipócrita.

Por otra parte, aquellos que tienen pensamientos amorosos, ven eso en todo lo que saca su amor y simpatía; los confiados y honestos no se ven atribulados por sospechas; los agradables y caritativos que se alegran con la buena fortuna de otros, escasamente saben lo que significa la envidia; y el que ha percibido lo Divino en sí mismo lo reconoce en todos.

Y hombres y mujeres confirman su panorama mental debido al hecho que, por la ley de causa y efecto, atraen hacia ellos mismos lo que proyectan, y entran en contacto con gente similar a ellos.

El viejo proverbio «Dios los hace y ellos se juntan» tiene un significado más profundo que el generalmente reconocido, porque tanto en el mundo del pensamiento como en el mundo material, cada uno se apega a su semejante.

¿Deseas amabilidad? Sé amable.
¿Preguntas la verdad? Dí la verdad.
Encuentras lo que das de ti mismo;
Tu mundo es tu reflejo.

Si eres uno de los que rezan —y buscan— un mundo más feliz más allá de la tumba, he aquí un feliz mensaje para ti: puedes entrar en ese mundo feliz ahora; llena todo el universo, y está dentro de ti, esperando que lo encuentres, lo reconozcas y lo poseas. Dijo alguien que conocía las leyes internas del Ser:

«Cuando los hombres digan tal o cual cosa, no les hagas caso; el reino de Dios está dentro de ti.»

Lo que tienes que hacer es creer esto, simplemente créelo con una mente sin sombra de duda, y luego medítalo hasta que lo entiendas.

Entonces empezarás a purificar y construir tu mundo interno, y a medida que avances, pasando de revelación en revelación, de comprensión en comprensión, descubrirás la total falta de poder de las cosas externas junto a la mágica potencia de un alma auto-gobernada.

Si quisieras enderezar el mundo,
Y abolir sus males y penas,
Hacer florecer los lugares agrestes,
Y abrir los desiertos como una rosa,
Enderézate a ti mismo.

Si quisieras sacar al mundo
De su larga y solitaria cautividad del pecado,
Reparar todos los corazones rotos,
Eliminar la angustia y dar dulce consuelo,
Voltea hacia ti mismo.

Si quisieras curar al mundo
De su larga enfermedad, terminar su aflicción y dolor;
Traer alegría sanadora
Y dar a los afligidos nuevo descanso,
Cúrate a ti mismo.

Si quisieras despertar al mundo
De su sueño de muerte y oscura lucha,
Traerle Amor y Paz,
Y Luz y brillo de Vida inmortal,
Despiértate a ti mismo.

El modo de salir de condiciones indeseables

Habiendo visto y comprendido que el mal es sólo una sombra pasajera, proyectada por el Yo, y que el mundo es un espejo donde cada uno ve el reflejo de sí mismo, ahora ascendemos, con paso fácil y firme, al plano de la percepción donde se lleva a cabo la Visión de la Ley.

De la pobreza al poder

El modo de salir de condiciones indeseables

Con esta percepción viene el conocimiento de que todo está incluido en una incesante interacción de causa y efecto, y que nada puede divorciarse de esa Ley.

Desde el más trivial pensamiento, palabra o acto del hombre, hasta las agrupaciones de los cuerpos celestiales, la Ley reina suprema. No puede existir, ni siquiera momentáneamente, una condición arbitraria, ya que tal condición sería una negación y aniquilación de la Ley.

Cada condición de la vida está, por ende, envuelta en una secuencia armoniosa y ordenada, y el secreto de cada condición está contenido dentro de ella misma. La ley «El hombre cosecha aquello que siembra», está inscrita en letras llameantes sobre el portal de la Eternidad, y nadie puede negarla, engañarla ni escapar de ella.

Aquél que pone la mano en el fuego debe sufrir la quemadura hasta que sane por sí misma, y ni maldiciones u oraciones valen para alterar eso.

Y precisamente la misma Ley gobierna la región de la mente. Odio, ira, celos, envidia, lujuria, codicia, todos estos son fuegos que queman, y cualquiera que siquiera los toque debe sufrir los tormentos de la quemadura.

Todas estas condiciones de la mente son llamadas correctamente «mal», porque son los esfuerzos del alma para trastornar, en su ignorancia, la Ley y, por tanto, llevan a caos y confusión interna, y tarde o temprano actúan en las circunstancias externas como enfermedad, fracaso y desventura, junto con angustia, dolor y desesperanza.

En cambio el amor, la gentileza, la buena voluntad, y la pureza son aires refrescantes que respiran paz sobre el alma que los necesita, y, estando en armonía con la Ley Eterna, toman forma de salud, alrededores pacíficos, éxito sin desviaciones y buena fortuna.

Una comprensión a detalle de esta Gran Ley que permea el universo conduce a la adquisición del estado mental conocido como obediencia.

Saber que la justicia, la armonía y el amor son supremos en el universo es como saber que todas las condiciones adversas y dolorosas son el resultado de nuestra desobediencia a dicha Ley.

Tal conocimiento conduce a la fuerza y al poder, y es sobre tal conocimiento solamente que es posible construir éxito continuo y felicidad.

Ser paciente bajo todas las circunstancias, y aceptar todas las condiciones como factores necesarios en tu entrenamiento, es elevarte por encima de todas las condiciones dolorosas, y superarlas con la seguridad de que no volverán, ya que por el poder de la obediencia a la Ley han sido completamente destruidas.

Alguien así de obediente trabaja en armonía con la Ley. De hecho, se ha identificado con la Ley y dondequiera que conquista, conquista para siempre. Lo que sea que construye jamás puede ser destruido.

La causa de todo el poder, así como de toda la debilidad, es interna; el secreto de toda la felicidad y de toda la miseria es interno también.

No hay progreso aparte del desenvolvimiento interior, y no hay agarre seguro de la prosperidad o la paz excepto por un avance ordenado en el conocimiento.

Dices que estás encadenado por las circunstancias; clamas por mejores oportunidades, por un alcance más amplio, por mejores condiciones físicas, y tal vez en tu interior maldices el destino que te ata de pies y manos.

Es por ti que escribo; es a ti a quien hablo. Escucha, y deja que mis palabras se marquen con hierro candente en tu corazón, porque esto que te digo es verdad:

«Puedes lograr una mejor condición de tu vida externa, si resuelves sin titubeos mejorar tu vida interior.»

Yo sé que este camino parece baldío al principio (la verdad siempre es así, solamente el error y el engaño son fascinantes y seductores desde el principio) pero, si te decides a caminar por él; si con perseverancia disciplinas tu mente, erradicando tus debilidades, y permitiendo que las fuerzas de tu alma y tus poderes espirituales se desenvuelvan, te asombrarás de los cambios mágicos que vendrán en tu vida exterior.

A medida que procedes, oportunidades de oro cruzarán tu camino, y el poder y el juicio para utilizarlas adecuadamente surgirán dentro de ti. Amigos agradables vendrán a ti sin ser llamados; almas con las que congenies serán atraídas hacia ti como la aguja al imán; y libros y todas las ayudas externas que requieras vendrán sin que las busques.

Tal vez las cadenas de la pobreza cuelgan pesadamente de ti, y estás sin amigos y solo, y sueñas intensamente que tu carga se aligere; pero la carga continúa, y pareces estar envuelto en una oscuridad cada vez más profunda.

Quizás te quejas, lamentas tu suerte; culpas a tu cuna, tus padres, tu patrón o los injustos Poderes que te han dotado tan injustamente con privaciones y pobreza, mientras a otro le dan solvencia y facilidad.

Cesa ya de quejarte y angustiarte; ninguna de esas cosas a las que culpas es la causa de tu pobreza; la causa está dentro de ti mismo y, donde está la causa, ahí está el remedio.

El hecho mismo de que seas un quejoso, muestra que mereces tu situación; muestra que te falta la fe que es la base para todo el esfuerzo y el progreso.

No hay lugar para un quejoso en un universo de ley, y la preocupación es el suicidio del alma. Con tu misma actitud refuerzas las cadenas que te atan, y atraes la oscuridad que te envuelve. Cambia tu punto de vista sobre la vida, y cambiará tu vida externa.

Ejercítate en la fe y el conocimiento, y hazte digno de mejores alrededores y mayores oportunidades. Asegúrate primero, que haces lo mejor con lo que ya tienes.

No te engañes suponiendo que puedes obtener ventajas mayores mientras haces caso omiso de ventajas menores, porque si pudieras, la ventaja sería pasajera y rápidamente volverías a tu situación anterior para aprender la lección que descuidaste.

Así como el niño en la escuela debe dominar una prueba antes de pasar a la siguiente, así —antes de que puedas tener ese mayor bien que deseas— debes emplear fielmente lo que ya tienes.

La parábola de los talentos es una hermosa historia que ilustra esta verdad, ya que llanamente muestra que si hacemos mal uso, descuidamos o degradamos lo que poseemos —así sea pobre e insignificante— aun eso poco nos será quitado, ya que nuestra conducta muestra que somos indignos de ello.

Quizás vives en una pequeña choza, y estás rodeado de influencias malsanas y viciosas.

Deseas una residencia más grande y limpia. Entonces debes ajustarte a semejante residencia primero haciendo que tu pequeña choza sea un pequeño paraíso hasta donde sea posible. Manténla impecablemente limpia. Haz que se vea tan linda y dulce como tus limitados medios lo permitan. Cocina tus sencillos alimentos con gran cuidado, y arregla tu humilde mesa con tan buen gusto como puedas.

Si no puedes costear una alfombra, que tus habitaciones estén alfombradas con sonrisas y bienvenidas, aseguradas con los clavos de palabras amables clavados con el martillo de la paciencia. Tal alfombra no perderá el color con el sol, y jamás se gastará con el uso.

Al ennoblecer tus alrededores presentes te elevarás por encima de ellos, y por encima de tu necesidad, y al momento correcto pasarás a una mejor casa y alrededores que todo el tiempo han estado esperándote y que ya estás listo para ocupar.

Tal vez deseas más tiempo para pensar y esforzarte, y sientes que tus horas de trabajo son demasiado largas y duras. Entonces ve que estás utilizando al máximo el poco tiempo libre que tengas.

Es inútil desear más tiempo, si estás desperdiciando lo poco que tienes, porque así sólo te volverías más indiferente e indolente.

Aun la pobreza y la falta de tiempo y diversión no son los males que imaginas que son y, si obstaculizan tu progreso, es porque los has vestido con tus propias debilidades, y el mal que ves en ellas está realmente en ti. Esfuérzate para darte cuenta cabal de que en tanto tú formas y moldeas tu mente, eres el hacedor de tu destino, y que —por el poder transformador de la auto-disciplina comprenderás esto más y más— verás que estos llamados males pueden ser convertidos en bendiciones.

Entonces utilizarás tu pobreza para cultivar la paciencia, la esperanza y el valor; y tu falta de tiempo para crecer en acciones y decisiones prontas, aprovechando los preciosos momentos tal como se presentan para que los aceptes.

Así como crecen las más bellas flores en el suelo más humilde, así en el oscuro suelo de la pobreza se han desarrollado y florecido las más selectas flores de la humanidad.

Donde hay dificultades que enfrentar, y condiciones poco satisfactorias para superar, ahí la virtud florece y manifiesta su gloria.

Tal vez sea que estás empleado por un jefe tirano, y sientes que eres tratado duramente. Mira esto como algo necesario para tu entrenamiento. Devuelve la rudeza de tu patrón con gentileza y perdón.

Practica incesantemente la paciencia y el auto-control. Pon la desventaja de tu lado, usándola para ganar fuerza mental y espiritual, y por tu ejemplo silencioso —en influencia— estarás siendo el maestro de tu patrón, estarás ayudándole a crecer para que se avergüence de su conducta y, al mismo tiempo, te estarás capacitando para entrar en alrededores nuevos y más agradables cuando sea que se presenten ante ti.

No te quejes de que eres un esclavo, sino levántate,

por tu noble conducta, por encima del plano de la esclavitud. Antes de quejarte de que eres el esclavo de alguien, asegúrate de que no eres esclavo de ti mismo.

Mira dentro de ti penetrantemente, y no tengas misericordia de ti mismo. Encontrarás ahí, por acaso, pensamientos de esclavo, deseos de esclavo y —en tu vida diaria y conducta— hábitos de esclavo.

Conquístalos, deja de ser un esclavo de ti mismo, y nadie podrá esclavizarte. Así como te superes, superarás todas las condiciones adversas, y todas las dificultades caerán ante ti.

No te quejes de que eres oprimido por los ricos. ¿Estás seguro que si obtuvieras riquezas no serías también un opresor?

Recuerda que hay una Ley Eterna que es absolutamente justa, y que aquél que hoy oprime debe ser oprimido mañana; y de esto no hay modo de escapar.

Y tal vez tú, ayer eras rico y opresor, y ahora no haces más que pagar la deuda que tienes con la Gran Ley. Practica ahora la fortaleza y la fe.

Cavila constantemente acerca de la Eterna Justicia, el Bien Eterno. Trabaja para alzarte de lo personal y transitorio hacia lo impersonal y permanente.

Sacúdete el espejismo de que estás siendo lastimado u oprimido por alguien más, y trata de darte cuenta, mediante una más profunda comprensión de tu vida interior y las leyes que gobiernan la vida, que solamente te lastima lo que está dentro de ti. No hay práctica más degradante, humillante y destructora del alma que la auto-compasión.

Arrójala lejos de ti. Mientras semejante parásito esté alimentándose de tu corazón jamás podrás esperar crecer hacia una vida más plena.

Deja de condenar a otros, y comienza a condenarte tú mismo. No condones ninguno de tus actos, deseos o pensamientos que no sean de inmaculada pureza o que no resistan la luz del bien sin pecado.

Haciendo esto estarás construyendo tu casa sobre la roca de lo Eterno, y esto es todo lo necesario, ya que felicidad y bienestar vendrán a su debido tiempo.

No hay modo en absoluto de liberarse permanentemente de la pobreza, o de cualquier condición desagradable, sino eliminando esas condiciones internas negativas y egoístas, de las cuales son el reflejo, y en virtud de las cuales esas condiciones continúan.

El camino a la verdadera riqueza consiste en enriquecer el alma adquiriendo virtud. Fuera de la verdadera virtud del corazón no hay prosperidad ni poder, sino sólo sus apariencias. Estoy consciente de que hay hombres que hacen dinero que no tienen ni pizca de virtud, y tienen poco deseo de hacerlo; pero semejante dinero no constituye riqueza verdadera, y su posesión es transitoria y febril.

He aquí el testimonio de David: «Tenía envidia del tonto cuando vi la prosperidad de los malvados... Sus ojos se salen por la gordura; tienen más que lo que el corazón podría desear. Realmente he limpiado mi corazón en vano, e inocentemente lavado mis manos... Cuando creí saber esto era doloroso para mí, hasta que fui al santuario de Dios, entonces entendí su fin.»

La prosperidad de los malvados era una gran prueba para David hasta que fue al santuario de Dios, y entonces supo cuál sería su fin.

Del mismo modo tú puedes ir a un santuario. Está dentro de ti. Es ése estado de consciencia que permanece cuando todo lo que es sórdido, y personal, y pasajero es elevado, y son entendidos los principios universales.

Ese es el estado - Dios de consciencia; es el santuario de lo Más Alto. Cuando por una larga lucha y auto-disciplina, tengas éxito en cruzar el umbral de ese santo Templo, percibirás, con visión sin impedimentos, el fin y el fruto de todos los pensamiento y esfuerzos humano, sean buenos y malos.

Ya no flaquearás en tu fe cuando veas que el hombre inmoral acumula riquezas externas, ya que sabrás que debe volver a la pobreza y degradación.

El hombre rico desprovisto de virtud es, en realidad, pobre, y, tan seguramente como que las aguas del río van a dar al océano, se dirige —en medio de sus riquezas— hacia la pobreza y mala fortuna; y aunque muera rico, debe regresar a cosechar los amargos frutos de toda su inmoralidad.

Pero el hombre que es pobre por fuera, pero rico en

virtudes, es verdaderamente rico y, en medio de toda su pobreza, viaja hacia la prosperidad; y abundante regocijo y alegría le esperan. Si deseas llegar a ser verdaderamente próspero de manera permanente, primero debes llegar a ser virtuoso.

Por ende, es poco recomendable apuntar directamente a la prosperidad, hacerla el objetivo de la vida, ambiciosamente buscarla. Hacer esto es derrotarse a uno mismo.

Mejor, busca tu perfección, haz del servicio útil y generoso el objetivo de tu vida, y estira tus brazos de fe hacia el Bien supremo e inalterable.

Dices que deseas riquezas, no para ti, sino para hacer cosas buenas con ellas y bendecir a otros. Si este es tu verdadero motivo para desear la riqueza, entonces la riqueza te llegará; porque eres realmente fuerte y generoso, y, en medio de las riquezas, prefieres considerarte un encargado y no un propietario.

Pero examina bien tu motivo, ya que la mayoría de las veces en que el dinero es deseado para el propósito enunciado de bendecir a otros, el verdadero motivo oculto es un amor de ser popular, y el deseo de verse como un filántropo o reformador.

Si no eres bueno con lo poco que tienes, entre más dinero tengas te volverás más egoísta, y todo el bien que pareciera que haces con tu dinero, si intentaras hacer algo, estaría insinuando una auto-alabanza.

Si tu verdadero deseo es hacer el bien, no hay necesidad

de esperar al dinero para hacerlo; puedes hacerlo ahora en este momento, justo en la condición que estás. Si eres realmente tan generoso como crees ser, lo mostrarás sacrificándote por otros ahora.

No importa lo pobre que seas, siempre es posible el auto-sacrificio, o ¿acaso no puso la viuda todo su haber en el tesoro?

El corazón que verdaderamente desea hacer el bien no espera al dinero para hacerlo, sino que viene al altar del sacrificio, deja los elementos indignos de sí mismo, sale y respira bendiciones sobre vecino y extraño, amigo y enemigo sin distinciones.

Como el efecto está relacionado a la causa, así la prosperidad y el poder están relacionados al bien interior, y la pobreza y la debilidad al mal interior.

El dinero no constituye la verdadera riqueza, ni la posición, ni el poder, y depender de él es estar parado sobre un piso resbaloso.

Tu verdadera riqueza es tu reserva de virtud, y tu verdadero poder los usos que le das. Rectifica tu corazón y rectificarás tu vida. La lujuria, el odio, la ira, la vanidad, el orgullo, la ambición, la indulgencia, el egoísmo, la obstinación, todos estos son pobreza y debilidad; mientras que el amor, la pureza, la humildad, la compasión, la generosidad, la abnegación, todos estos son riqueza y poder.

A medida que los elementos de la pobreza y la debilidad son superados, surge de adentro un irresistible poder que lo conquista todo, y aquél que tiene éxito en establecer en sí mismo las más altas virtudes, tiene el mundo a sus pies.

Pero el rico, así como el pobre tiene sus condiciones indeseables, con frecuencia está todavía más alejado de la felicidad que el pobre. Y aquí vemos cómo la felicidad depende, no de accesorios externos o posesiones, sino de la vida interna.

Quizás eres un patrón, y tienes problemas interminables con tus empleados, y cuando obtienes empleados buenos y fieles rápidamente se van. Como resultado estás comenzando a perder, o has perdido completamente, tu fe en la naturaleza humana.

Tratas de remediar el problema ofreciendo mejores salarios, y permitiendo ciertas libertades, sin embargo las cosas permanecen inalteradas. Permíteme aconsejarte.

El secreto de todo tu problema no está en los empleados, sino en ti mismo; y si miras dentro de ti, con un humilde y sincero deseo de descubrir y erradicar tu error, tarde o temprano hallarás el origen de toda tu infelicidad.

Puede ser un deseo egoísta, o agazapada sospecha, o una actitud poco amable que envía veneno sobre los que te rodean, y reacciona sobre ti, aun y cuando no lo muestres en tu manera de hablar.

Piensa en tus empleados con amabilidad, considera en ellos ese servicio extremo que tú mismo no harías si estuvieras en su lugar.

Rara y hermosa es esa humildad del alma mediante la cual un sirviente se olvida completamente de sí mismo por el bien de su maestro; pero aún más rara y bella —con belleza divina— es la nobleza de alma por la cual un hombre, olvidando su propia felicidad, busca la felicidad de aquellos bajo su mando, y que dependen de él para su sustento.

Y la felicidad de dicho hombre es multiplicada diez veces, y no necesita quejarse de aquellos a su servicio. Dijo un bien conocido patrón de mucha gente, que jamás despide a un empleado: «Siempre he tenido las mejores relaciones con mis trabajadores. Si me preguntan cuál es la razón, sólo puedo decir que mi objetivo es tratarlos primero como a mí me gustaría ser tratado.» He aquí el secreto por el cual son aseguradas todas las condiciones deseables, y son superadas todas las indeseables.

¿Dices que estás solo y nadie te ama, y que no tienes un amigo en el mundo? Entonces —rezo por ti— por tu propia felicidad, no culpes a nadie sino a ti mismo.

Sé amigable con los demás, y los amigos vendrán a ti. Hazte amable y puro, y serás amado por todos.

Cualesquiera condiciones que representen una carga en tu vida, puedes dejarlas atrás desarrollando en ti y utilizando el poder transformador de la auto-purificación, y la conquista de ti mismo.

Sea la pobreza que lastima (y recuerda que la pobreza de la que he hablado es la pobreza fuente de miseria, y no la pobreza voluntaria que es la gloria de las almas liberadas), o las riquezas que pesan, o los infortunios, penas y molestias que forman el oscuro fondo de la red de la vida, puedes superarlas superando los elementos egoístas dentro de ti que les dan vida.

No importa que por la Ley infalible, haya pensamientos y actos pasados que trabajar y redimir, sino que por la misma Ley, cada momento de nuestra vida estamos poniendo en movimiento nuevos pensamientos y actos, y tenemos el poder de hacerlos buenos o malos.

Ni es una consecuencia necesaria que si un hombre (cosechando lo que ha sembrado) pierde su dinero o su posición, deba también perder su fortaleza o su integridad, y es en éstas que deberá hallar su riqueza, poder y felicidad. Aquél que se aferra a sí mismo es su propio enemigo y está rodeado por enemigos.

El que deja ir a su Yo es su propio salvador, y está rodeado de amigos como un cinturón protector. Ante el brillo divino de un corazón puro toda la oscuridad desaparece y todas las nubes se disuelven, y el que ha conquistado al Yo ha conquistado el universo.

Sal, pues, de tu pobreza; sal de tu dolor; sal de tus problemas, y tus suspiros, y tus quejas, y tus penas, y tu soledad, saliendo de ti mismo.

Deja caer el viejo y raído trapo de tu nimio egoísmo y ponte las ropas nuevas del Amor universal. Entonces te darás cuenta de tu cielo interior, y se reflejará en tu vida exterior.

El que pisa firmemente la senda de la auto-conquista, que camina, apoyándose en el cayado de la Fe, la carretera del auto-sacrificio, con seguridad logrará la más alta prosperidad, y cosechará alegría y dicha abundantes y duraderas.

Para los que buscan el más alto bien
Todas las cosas sirven a los fines más sabios;
Nada viene como mal, y la sabiduría
Presta alas a todas las formas de crías del mal.

La pena oscura cubre una Estrella
Que espera a brillar con luz contenta;
El infierno atiende al cielo; y al anochecer
Viene dorada gloria desde lejos.

Las derrotas son pasos para escalar
Con vista pura a fines más nobles;
Las pérdidas llevan a ganar, y el júbilo atiende
Verdaderos pasos subiendo las colinas del tiempo.

El dolor conduce a caminos de santa dicha,
A pensamientos y palabras y hechos divinos,
Y nubes que oscurecen y rayos que brillan,
A lo largo de la vida.

La desventura nos nubla el camino
Con final y cima en el cielo
De brillante éxito, alto tocando el sol,
Espera que lo busquemos y nos quedemos.

El pesado manto de miedo y dudas
Que nubla el Valle de nuestras esperanzas,
Las sombras con que nuestro espíritu soporta,
La amarga cosecha de las lágrimas,

El modo de salir de condiciones indeseables / 3

*Las penas, miserias y aflicciones,
Las lastimaduras que nacen de lazos rotos,
Todos son escalones que nos levantan
A vivir de acuerdo con creencias sólidas.*

*Amor, compasivo, vigilante, corre a encontrar
Al peregrino de la Tierra del Destino;
Toda la gloria y todo el bien espera
La llegada de pies obedientes.*

De la pobreza al poder

El silencioso poder del pensamiento

Las fuerzas más poderosas en el universo son las fuerzas silenciosas; y de acuerdo con la intensidad de su poder una fuerza se vuelve benéfica cuando está correctamente dirigida, y destructiva cuando se la emplea equivocadamente.

De la pobreza al poder

El silencioso poder del pensamiento

Esto es bien sabido con respecto a fuerzas mecánicas, tales como el vapor, la electricidad, etc., pero pocos han aprendido a aplicar este conocimiento al reino de la mente, donde las fuerzas-pensamiento, (las más poderosas de todas) están siendo continuamente generadas y enviadas como corrientes de salvación y destrucción.

En esta etapa de su evolución, el hombre ha adquirido la posesión de estas fuerzas, y toda la tendencia de este avance presente es su dominación completa. Toda la sabiduría posible para el hombre en esta tierra material reside en el completo auto-dominio; y el mandamiento «Ama a tus enemigos», se convierte en una exhortación a adquirir aquí y ahora esa sublime sabiduría tomando, dominando y transformando, esas fuerzas mentales de las cuales ahora el hombre es esclavo, y por las cuales está irremediablemente sostenido, como una paja en una corriente, por las corrientes del egoísmo.

Los profetas hebreos, con su perfecto conocimiento de la Ley Suprema, siempre relacionaron eventos externos con pensamientos internos, y asociaron el desastre o éxito nacional con los pensamientos y deseos que dominaban la nación en ese momento.

El conocimiento del poder causal del pensamiento es la base de todas sus profecías, así como es la base de toda la verdadera sabiduría y poder. Los eventos nacionales son simplemente la manifestación de las fuerzas síquicas de la nación.

Guerras, plagas y hambrunas son el punto de encuentro y de choque de fuerzas de pensamiento incorrectamente dirigidas, los puntos culminantes en los que la destrucción toma su lugar como agente de la Ley.

Es una tontería adjudicar la guerra a la influencia de un hombre, o de un grupo de hombres. Es el horror que corona el egoísmo nacional. Son las silenciosas y avasalladoras fuerzas del pensamiento las que hacen que se manifiesten todas las cosas.

El universo surgió del pensamiento. La materia, en el análisis más profundo, es meramente pensamiento hecho objeto. Todos los logros de la humanidad fueron primero forjados en el pensamiento, y luego hechos objetos.

El autor, el inventor, el arquitecto, primero construye su trabajo en su pensamiento, y habiéndolo perfeccionado en todas sus partes como un todo armonioso y completo en el plano del pensamiento, entonces comienza a materializarlo, a traerlo al plano material o plano de los sentidos.

Cuando las fuerzas del pensamiento son dirigidas en armonía con la Ley que todo lo domina, son constructivas y conservadoras, pero cuando van en contra, se vuelven desintegradoras y auto-destructivas.

Ajustar todos tus pensamientos a una perfecta y firme fe en la omnipotencia y supremacía del Bien, es cooperar con dicho Bien, y hallar en ti mismo la solución y destrucción de todo el mal. Cree y vivirás.

Y aquí tenemos el verdadero significado de la salvación: salvación de la oscuridad y negación del mal, por medio de la entrada hacia —y adquisición de— la Luz viva del Bien Eterno.

Donde hay miedo, preocupación, ansiedad, duda, problema, aflicción o decepción, hay ignorancia y falta de fe.

Todas estas condiciones de la mente son resultado directo del egoísmo, y están basadas en una creencia inherente en el poder y supremacía del mal; por lo tanto, constituyen ateísmo práctico; y vivir y estar sujeto a estas condiciones negativas y destructoras del alma es el único ateísmo verdadero.

Es la salvación de dichas condiciones lo que la raza humana necesita, y no dejemos que alguien se jacte de la salvación mientras es todavía un esclavo obediente e indefenso.

Temer o preocuparse son tan pecaminosos como maldecir, porque ¿cómo puede uno temer o preocuparse si intrínsecamente cree en la Justicia Eterna, el Bien

Omnipotente, el Amor Sin Límites? Temer, preocuparse, dudar, son negar, son des-creer.

De tales estados de la mente provienen toda la debilidad y fracaso, porque ellos representan el poder anulador y desintegrador de las fuerzas de pensamiento positivas que de otro modo se apresurarían hacia su objeto con poder, y ejercer sus resultados benéficos.

Superar estas condiciones negativas es entrar en una vida de poder, es dejar de ser un esclavo y volverse maestro, y sólo hay un modo para superarlas, y es mediante un crecimiento firme y persistente en conocimiento interno.

Negar mentalmente el mal no es suficiente; mediante práctica diaria debe elevarse y ser entendido. Afirmar mentalmente el bien es inadecuado; debe, mediante esfuerzo sin flaqueza, ser adquirido y comprendido.

La práctica inteligente del auto-control, rápidamente lleva al conocimiento de las fuerzas de pensamiento interiores, y después, a la adquisición de ese poder mediante el cual dichas fuerzas son correctamente empleadas y dirigidas.

En la medida que te gobiernes, que controles tus fuerzas mentales en lugar de ser controlado por ellas, en semejante medida serás el dueño de asuntos y circunstancias externas.

Muéstrenme un hombre bajo cuyo tacto todo de desmorona, y que no puede retener el éxito aun cuando se lo ponen en las manos, y yo les mostraré a un hombre que continuamente cavila en esas condiciones de la mente que son la misma negación del poder.

Revolcarse por siempre en el fango de la duda, ser arrastrado continuamente por las arenas movedizas del miedo, o incesantemente llevado caprichosamente por los vientos de la ansiedad, es ser un esclavo, y vivir la vida de un esclavo, aun y cuando el éxito y la influencia estén tocando tu puerta buscando entrar.

Semejante hombre, sin fe y sin gobierno, es incapaz de gobernar rectamente sus asuntos, y es esclavo de las circunstancias. En realidad, es esclavo de sí mismo. Semejantes hombres son enseñados por la aflicción, y en último caso pasan de la debilidad a la fuerza por efecto de amarga experiencia. ==La Fe y el Propósito constituyen el poder que motiva la vida.==

No hay nada que una fe poderosa y un propósito que no flaquee no puedan lograr. Mediante el ejercicio diario de la fe silenciosa, las fuerzas del pensamiento son reunidas, y por el reforzamiento diario del propósito silencioso, esas fuerzas son dirigidas hacia el objeto a lograr.

Cualquiera que sea tu posición en la vida, antes de que puedas lograr cualquier medida de éxito, utilidad, y poder, debes aprender cómo enfocar tus fuerzas del pensamiento cultivando la calma y el reposo. Puede ser que seas un hombre de negocios, y repentinamente enfrentas una dificultad avasalladora o un probable desastre. Temes y te pones ansioso, y se te han acabado las ideas.

Persistir en semejante estado mental sería fatal, porque cuando entra la ansiedad, el juicio correcto sale. Si aprovechas una o dos horas tranquilas, temprano en la mañana o en la noche, y te retiras a un rincón solitario, o a alguna habitación donde estás seguro que no habrá interrupciones, y, después de haberte sentado cómodamente, forzas tu mente a alejarse del objeto de tus ansiedades pensando en algo placentero y dichoso, entonces vendrá una calmada y reposada fuerza y tu ansiedad pasará.

En el instante en que encuentres que tu mente vuelve a la bajeza de la preocupación, tráela de vuelta, y reestablece el plano de paz y fuerza.

Cuando hayas logrado esto completamente, entonces podrás concentrar tu mente entera en la solución de tu dificultad, y lo que parecía intrincado e insuperable en la hora de la ansiedad, será simple y fácil, y verás —con esa clara visión y perfecto juicio que ocurren sólo a una mente calmada y sin problema— el curso correcto a seguir y el fin que hay que lograr.

Puede ser que tengas que intentar esto día tras día antes de que seas capaz de calmar tu mente perfectamente, pero si perseveras, ciertamente lo lograrás. Y el curso de acción que se te presenta en esa hora de calma debe ser llevado a cabo.

Sin duda, cuando estés de nuevo sumergido en las ocupaciones del día, y de nuevo surjan las preocupaciones y empiecen a dominarte, pensarás que ese curso de acción está equivocado o es una tontería, pero no pongas atención a semejantes sugerencias.

Guíate absoluta y enteramente por la visión de la

calma, y no por las sombras de la ansiedad. La hora de calma es la hora de la iluminación y del correcto juicio.

Mediante semejante curso de disciplina mental las dispersas fuerzas del pensamiento son reunidas, y dirigidas, como los rayos de un faro buscador, sobre el problema en cuestión, con el resultado de que éste dé paso a aquéllas.

No hay dificultad, sin importar lo grande, que no ceda ante una tranquila y poderosa concentración del pensamiento y cualquier objeto legítimo puede ser hecho realidad rápidamente mediante el uso inteligente y la dirección de las propias fuerzas del alma.

No es sino hasta que hayas cavilado y profundizado en tu naturaleza interna, y hayas vencido a muchos enemigos que acechan ahí, que puedes tener una idea aproximada del sutil poder del pensamiento, de su inseparable relación hacia las cosas materiales externas, o de su mágica potencia, cuando se le usa correctamente preparado y dirigido, para reajustar y transformar las condiciones de la vida.

Cada pensamiento que tienes es una fuerza que envías hacia afuera y, de acuerdo con su naturaleza e intensidad, buscará alojarse en mentes receptivas a ella, y reaccionará sobre ti ya sea para bien o para mal. Hay una incesante reciprocidad entre mente y mente, y un intercambio continuo de fuerzas de pensamiento.

Los pensamientos egoístas y perturbadores son fuerzas malignas y destructivas, mensajeros del mal, enviados a estimular y aumentar el poder del mal en otras mentes, que cuando les llegue el turno te lo enviarán con mayor poder.

Por otro lado los pensamientos calmados, puros y generosos son mensajeros angélicos enviados al mundo con salud, curación y bendición sobre sus alas, contrarrestando fuerzas malvadas, vertiendo el aceite del júbilo sobre las picadas aguas de la ansiedad y el dolor, y restaurando en los corazones rotos su herencia de inmortalidad.

Piensa buenos pensamientos y rápidamente se volverán realidad en tu vida externa en la forma de buenas condiciones. Controla las fuerzas de tu alma, y entonces serás capaz de moldear tu vida externa a voluntad.

La diferencia entre un salvador y un pecador es ésta: que uno tiene perfecto control de todas las fuerzas dentro de sí mismo, mientras que el otro es dominado y controlado por ellas.

No hay en absoluto otro camino al verdadero poder y la paz duradera, sino el auto-control, el auto-gobierno, la auto-purificación. Estar a merced de tu disposición es ser impotente, infeliz, y de poca utilidad para el mundo.

La conquista de tus nimios gustos y disgustos, tus caprichosos amores y odios, tus ataques de ira, suspicacia, celos, y todos los cambiantes humores a los cuales estás más o menos sujeto, esta es la tarea frente a ti si has de tejer en la red de la vida los dorados hilos de la felicidad y la prosperidad.

En tanto estés esclavizado por tu humor voluble,

necesitarás depender de otros y de ayudas externas en tu camino por la vida.

Si caminaras firme y seguramente, lograrías cualquier cosa, debes aprender a elevarte por encima de todo y controlar todas esas vibraciones perturbadoras y retardadoras.

Diariamente debes practicar el hábito de poner a descansar tu mente, «ir al silencio» como se le dice comúnmente. Este es un método para reemplazar un pensamiento atribulado con uno de paz, un pensamiento de debilidad con uno de fuerza.

Mientras no tengas éxito al hacer esto no puedes esperar ser capaz de dirigir tus fuerzas mentales sobre los problemas y actividades de la vida con algún éxito. Es el proceso de encauzar las fuerzas propias y dispersas en un sólo poderoso canal.

Tal como un inútil pantano puede ser convertido en un campo de dorado maíz o un fructífero jardín, desecándolo y dirigiendo las corrientes en un canal bien formado, así, el que adquiere serenidad y domina y dirige las corrientes de pensamiento, salva su alma y fructifica su corazón y su vida.

A medida que seas el amo y señor de tus impulsos y de tus pensamientos comenzarás a sentir, creciendo dentro de ti, un nuevo y silencioso poder, y un bien asentado sentimiento de compostura y fuerza permanecerán contigo.

Tus poderes latentes empezarán a desenvolverse, y así

como antes tus esfuerzos eran débiles y poco efectivos, ahora serás capaz de trabajar con esa tranquila confianza que llama al éxito.

Y, junto con este nuevo poder y esta nueva fuerza, despertará en ti esa Iluminación interior llamada «intuición», y ya no caminarás más en la oscuridad y la especulación, sino en la luz y la certeza.

Con el desarrollo de esta visión del alma, el juicio y la penetración mental aumentarán incalculablemente, y se desarrollará en ti esa visión profética con cuya ayuda serás capaz de sentir eventos venideros, y predecir, con notable precisión, el resultado de tus esfuerzos.

Y tu panorama de la vida será alterado en la misma medida en que te alteres interiormente; y a medida que cambies tu actitud hacia otros ellos cambiarán en su actitud y conducta hacia ti.

A medida que te eleves sobre las fuerzas de pensamiento bajas, debilitantes y destructivas, entrarás en contacto con las positivas, fortalecedoras y constructoras corrientes generadas por mentes fuertes, puras y nobles, tu felicidad se intensificará sin medida, y comenzarás a experimentar la dicha, la fuerza y el poder que nacen solamente del auto-dominio.

Y esta dicha, esta fuerza y este poder irradiarán continuamente de ti, y sin esfuerzo alguno de tu parte, qué digo, siendo tú completamente inconsciente de esto, atraerás a gente fuerte, tendrás influencia puesta en tus manos, y de acuerdo con tu cambiado mundo del pensamiento los eventos del mundo externo tomarán forma.

«Los enemigos de un hombre están en su casa», y el que quiera ser útil, fuerte y feliz, debe dejar de ser un receptáculo pasivo para las corrientes de pensamiento negativo, pordiosero e impuro; y así como un buen jefe de la casa ordena a sus sirvientes y elige a sus invitados, así debe aprender a ordenar sus deseos, y a decir, con autoridad, cuáles pensamientos aceptará en la mansión de su alma.

Aun un éxito parcial en el auto-dominio le añade mucho al propio poder, y el que tiene éxito en perfeccionar este logro divino, entra en posesión de sabiduría y paz y fuerza interiores más allá de sus sueños, y entiende que todas las fuerzas del universo ayudan y protegen sus pasos.

Escalarías el cielo más alto,
Perforarías el más bajo infierno,
Vive en sueños de belleza constante,
O cavila en pensamientos bajos,
Porque tus pensamientos son el cielo ante ti,
Y tus pensamientos son el infierno a tus pies,
La dicha no existe, sólo en tu pensamiento,
Nada de tormentos sino el pensamiento puede conocer.
Mundos enteros desaparecerían sin el pensamiento;
La Gloria sólo existe en los sueños;
Y el Drama de las eras
Surge del Pensamiento Eterno.
Dignidad y vergüenza y pena,
Dolor y angustia, amor y odio
Son sólo máscaras del poderoso
Pensamiento Pulsante que gobierna el Destino.

Así como los colores del arco iris
Hacen un rayo incoloro,
Así los cambios universales
Hacen el Sueño Eterno.
Y el Sueño está todo dentro de ti,
Y el Soñador ha esperado mucho
Para que la Mañana lo despierte
Al pensamiento vivo y fuerte.
Eso hará real lo ideal,
Que desaparezcan sueños del infierno
En el cielo más alto y más santo
Donde viven los puros y perfectos.
El Mal es el pensamiento que lo piensa;
El Bien, el pensamiento que lo hace
Luz y oscuridad, pecado y pureza
También salen del pensamiento.
Vive en tu pensamiento sobre lo Más Grande,
Y lo Más Grande verás;
Fija tu mente sobre lo más alto,
Y serás lo más alto.

El secreto de salud, éxito y poder

Todos recordamos con gran deleite, cuando niños, escuchábamos incansablemente los cuentos de hadas. Con qué avidez seguíamos las cambiantes fortunas del niño bueno o de la niña buena, siempre protegidos durante las crisis de las malvadas maquinaciones de la intrigante bruja, del cruel gigante y del malvado rey.

El secreto de salud, éxito y poder

Y nuestros pequeños corazones nunca dudaron del destino del héroe o de la heroína, ni dudamos de que al último triunfarían sobre todos sus enemigos, porque sabíamos que las hadas eran infalibles, y que jamás abandonarían a aquellos que se habían consagrado a lo bueno y verdadero. Y ese indecible júbilo pulsaba dentro de nosotros cuando el Hada Madrina, usando toda su magia en el momento crítico, dispersaba toda la oscuridad y los problemas, y concedía la completa satisfacción de sus esperanzas y eran «felices por siempre jamás».

Al ir acumulando los años, y con más profundo conocimiento de las llamadas «realidades» de la vida, nuestro bello mundo de fantasía quedó obstruido, y sus maravillosos habitantes fueron relegados en los archivos de la memoria, a las sombras y lo irreal.

Y pensamos que éramos sabios y fuertes por dejar para

siempre la tierra de los sueños infantiles, pero, a medida que volvemos a ser niños pequeños en el maravilloso mundo de la sabiduría, volveremos a los inspiradores sueños de la niñez y veremos que son, después de todo, realidades.

Los seres fantásticos, tan pequeños y casi siempre invisibles, pero aun así dotados de un poder mágico que todo lo conquista, que otorgan a los buenos salud, riqueza y felicidad, junto con todos los regales de la naturaleza en pródiga profusión, vuelven a la realidad y son inmortalizados en la región del alma del que, por su crecimiento en la sabiduría, conoce el poder del pensamiento, y las leyes que gobiernan el mundo interno del ser.

Para él las hadas viven de nuevo como personas del pensamiento, mensajeros del pensamiento, poderes del pensamiento que trabajan en armonía con el Bien que gobierna todo. Y ellos que, día tras día, se esfuerzan para armonizar sus corazones con el corazón del Bien Supremo, en realidad adquieren verdadera salud, riqueza y felicidad.

No hay protección comparable con la bondad, y por «bondad» no quiero decir mera conformidad externa con las reglas de moralidad; quiero decir pensamiento puro, aspiración noble, amor generoso y libertad de la vanagloria.

Entretenerse continuamente en pensamientos buenos, es arrojar alrededor de uno mismo una atmósfera síquica de dulzura y poder que deja su huella sobre todos los que la tocan.

Así como el sol de la aurora elimina las indefensas sombras, así son todas las impotentes fuerzas del mal puestas en fuga por los penetrantes rayos de pensamiento positivo que brillan desde un corazón hecho fuerte en la pureza y la fe.

Donde hay fe excelente y pureza sin mancha hay salud, hay éxito, hay poder. En tal lugar, la enfermedad, el fracaso y el desastre no pueden hallar alojamiento, porque no tienen de qué alimentarse.

Aun las condiciones físicas son mayormente determinadas por estados mentales, y el mundo científico está siendo arrastrado rápidamente hacia esta verdad.

La vieja y materialista creencia de que un cuerpo es lo que su cuerpo lo hace, está pasando rápidamente y está siendo reemplazada por la inspiradora creencia de que el hombre es superior a su cuerpo, y que su cuerpo es lo que él hace de él por el poder de su pensamiento.

Hombres en todas partes dejan de creer que un hombre está desesperado porque tiene mala digestión, y empiezan a entender que tiene mala digestión porque está desesperado y, en el futuro cercano, el hecho de que todas las enfermedades tienen su origen en la mente será conocimiento común.

No hay mal en el universo que no tenga su raíz y origen en la mente, y el pecado, enfermedad, dolor y aflicción en realidad no pertenecen al orden universal, no son inherentes a la naturaleza de las cosas, sino que son el resultado directo de nuestra ignorancia de las relaciones correctas entre las cosas.

De acuerdo a la tradición, hubo una vez en la India una escuela de filósofos que llevaba una vida de tan absoluta pureza y simplicidad que comúnmente llegaban a la edad de 150 años, y enfermarse era visto por ellos como una imperdonable desgracia, porque era considerado que indicaba una violación a la Ley.

Entre más pronto nos demos cuenta y reconozcamos que la enfermedad —lejos de ser la intervención arbitraria de un Dios ofendido, o la prueba de una Providencia necia— es el resultado de nuestro error o pecado, más pronto entraremos al camino de la salud.

La enfermedad le llega a aquellos que la atraen, a aquellos cuyas mentes y cuerpos son receptivos, y huye de aquellos cuyos fuertes, puros y positivos pensamientos les generan corrientes sanadoras y dadoras de vida.

Si eres dado a la ira, la preocupación, los celos, la ambición o cualquier otro estado mental falto de armonía, y esperas perfecta salud física, esperas lo imposible, porque estás continuamente lanzando las semillas de la enfermedad en tu mente.

Tales condiciones de la mente son cuidadosamente evitadas por el hombre sabio, ya que sabe que son mucho más peligrosas que un drenaje en mal estado o una casa infestada.

Si deseas verte libre de todos tus dolores físicos y molestias, y deseas disfrutar perfecta armonía física, entonces pon en orden tu mente, y armoniza tus pensamientos. Ten pensamientos alegres, pensamientos amorosos; deja que el elixir de la buena voluntad viaje por tus venas, y no necesitarás otra medicina. Deja atrás tus recelos, suspicacias, tus preocupaciones, tus odios, tus indulgencias egoístas, y dejarás atrás tu mala digestión, tu derrame de bilis, tu nerviosismo y tus coyunturas doloridas.

Si persistes en aferrarte a esos hábitos mentales tan debilitantes y desmoralizadores, entonces no te quejes cuando tu cuerpo esté postrado por la enfermedad. La siguiente historia ilustra la cercana relación que existe entre los hábitos de la mente y las condiciones corporales.

Cierto hombre estaba afligido por una dolorosa enfermedad, e intentó con uno y otro médico, todos sin resultado. Entonces visitó pueblos famosos por sus aguas curativas y, después de bañarse en todas ellas, su enfermedad era más dolorosa que nunca.

Una noche soñó que una Presencia venía hacia él y le decía: «Hermano, ¿has tratado todos los medios para curarte?» y el respondió «Lo he intentado todo.» «No es así» dijo la Presencia, «Ven conmigo, y te mostraré un baño curativo en el que no has reparado.»

El afligido hombre siguió a la Presencia, y ella lo condujo a una piscina de agua clara, y le dijo: «Lánzate en esta agua y con seguridad te recuperarás,» después desapareció.

El hombre se lanzó al agua, y al salir, ¡Albricias! La enfermedad lo había abandonado, y al mismo tiempo vio escrita sobre la piscina la palabra «Renuncia». Al despertar, entendió su sueño, y buscando dentro de sí descubrió que, todo el tiempo, había caído víctima de una indulgencia pecaminosa, y juró que renunciaría a ella para siempre. Cumplió su juramento, y desde ese día su aflicción comenzó a dejarle, y en un corto tiempo estaba completamente saludable.

Mucha gente se queja de que están agotados por el exceso de trabajo. En la mayoría de los casos el agotamiento es resultado de desperdiciar tontamente su energía. Si quieres asegurar tu salud debes aprender a trabajar sin fricción. Ponerse ansioso o afligido, o preocuparse acerca de detalles innecesarios es invitar el colapso.

El trabajo, ya sea de mente o de cuerpo, es benéfico y dador de salud, y el hombre que puede trabajar con firme y calmada persistencia, libre de toda ansiedad y preocupación, y con su mente imperturbable dedicada sólo a su trabajo, no sólo logrará más que el hombre que siempre anda apurado y ansioso, sino que mantendrá su salud, una bendición que el otro rápidamente pierde.

La verdadera salud y el verdadero éxito van juntos, ya que están inseparablemente trenzados en el reino del pensamiento. Así como la armonía mental produce salud corporal, también conduce a una armoniosa secuencia en el funcionamiento de los propios planes.

Ordena tus pensamientos y ordenarás tu vida. Vacía el aceite de la tranquilidad sobre las turbulentas aguas de las pasiones y prejuicios, y las tempestades de la desventura, como sea que te amenacen, serán impotentes para hacer naufragar la barca de tu alma, en su camino por el océano de la vida.

Y si esa barca es pilotada por una fe alegre y siempre firme, su camino será doblemente seguro, y pasará de largo muchos peligros que de otro modo la atacarían.

Por el poder de la fe se logra cada trabajo duradero. Fe en el Supremo; fe en la Ley; fe en tu trabajo, y en tu poder para completarlo, he aquí la roca sobre la cual debes construir si quieres terminar, si quieres ponerte de pie y no caer.

Seguir, bajo todas las circunstancias, los llamados más altos dentro de ti; ser siempre fiel a la naturaleza divina; confiar en la Luz interior, la Voz interior, y que busques tu propósito con corazón valeroso y tranquilo, creyendo que el futuro te dará la recompensa de cada pensamiento y esfuerzo, sabiendo que las leyes del universo no pueden fallar, y que lo tuyo volverá a ti con exactitud matemática, esto es fe y la vivencia de la fe.

Por el poder de semejante fe son divididas las oscuras aguas de la incertidumbre, se derrumba cada montaña de dificultad, y el alma creyente cruza ilesa.

¡Lucha! Lector, por adquirir, por sobre todo, la inapreciable posesión de esta fe intrépida, ya que es el secreto de la felicidad, el éxito, el poder, de todo lo que hace que la vida sea grande y superior al sufrimiento.

Construye sobre semejante fe, y construirás sobre la Roca de lo Eterno, y con los materiales de lo Eterno, y la estructura que erijas nunca se disolverá, ya que trascenderá todas las acumulaciones de lujos y riquezas materiales, que son polvo al final.

Ya sea que seas arrojado hacia las profundidades de la pena o alzado sobre las alturas del júbilo, nunca pierdas esta fe, siempre vuelve a ella como tu roca o refugio, y mantén tus pies firmemente plantados sobre esta base inmortal e inamovible.

Centrado en una fe así, llegarás a poseer una fuerza espiritual tan grande que destrozará, como si fueran de vidrio, todas las fuerzas del mal que fueren arrojadas contra ti, y lograrás un éxito que el simple buscador de ganancias mundanas no puede conocer o siquiera soñar. «Si tienen fe, y no dudan, no sólo harán esto... sino que si le dicen a esta montaña, levántate y arrójate al mar, y así será.»

Hay algunos el día de hoy, hombres y mujeres templos de carne y hueso, que han llevado a cabo esta fe, que viven en ella día tras día, y quienes, habiéndola puesto a las más duras pruebas, han llegado a la posesión de su gloria y paz.

Ellos han dado la orden, y las montañas de pena y decepción, de cansancio mental y dolor físico los han pasado de largo, y han sido arrojados al mar del olvido.

Si llegas a poseer esta fe no necesitarás preocuparte por tu éxito o fracaso: el éxito vendrá.

No necesitarás ponerte ansioso por los resultados, sino que trabajarás alegremente y en paz, sabiendo que los pensamientos correctos y los esfuerzos correctos inevitablemente traerán los resultados correctos.

Conozco a una dama que ha tenido muchas

satisfacciones dichosas, y recientemente un amigo le dijo «¡Qué afortunada eres! Solamente tienes que desear algo y te llega.» Y así parecía, realmente, superficialmente; pero en realidad toda la bendición que ha entrado en la vida de esta mujer es el resultado directo del estado interno de bendición que ella ha estado cultivando, toda su vida, hacia la perfección.

Los puros deseos solamente traen decepción; es vivir lo que dice.

Los necios desean y refunfuñan; los sabios, trabajan y esperan. Y esta mujer había trabajado; trabajado por fuera y por dentro, pero especialmente sobre su corazón y su alma; y con las invisibles manos del espíritu había construido, con las preciosas piedras de fe, esperanza, alegría, devoción y amor, un bello templo de luz, cuya gloriosa radiación la rodeaba.

Destellaba en su pupila; brillaba en su gesto; vibraba en su voz, y todos los que llegaban a su presencia sentían su hechizo cautivador.

Y así como con ella, así será contigo. Tu éxito, tu fracaso, tu influencia, tu vida entera que llevas contigo, porque las tendencias dominantes del pensamiento son los factores determinantes de tu destino.

Envía pensamientos amorosos, felices, sin mancha y caerán bendiciones en tus manos, y tu mesa será puesta con el mantel de la paz.

Envía pensamientos de odio, impuros e infelices, y lloverán maldiciones sobre ti, y el miedo y la inquietud harán guardia sobre tu almohada. Tú eres el hacedor incondicional de tu destino, sea cual fuere. Cada momento emites las influencias que harán o destruirán tu vida.

Permite que tu corazón crezca amoroso y generoso, y tu influencia y éxito serán grandes y duraderos, aun y cuando ganes poco dinero.

Confina a tu corazón dentro de los estrechos límites del propio interés y, aun y cuando llegaras a ser millonario, tu influencia y éxito serán insignificantes en el recuento final. Cultiva, entonces, este espíritu puro y generoso, y combina con pureza y fe, un propósito único, y estarás evolucionando a partir de los elementos, no sólo de la salud abundante y éxito duradero, sino de la grandeza y el poder.

Si tu puesto actual te disgusta, y tu corazón no está en lo que haces, aun así lleva a cabo tus deberes con escrupulosa diligencia, mientras descansas tu mente con la idea de que te esperan un mejor puesto y mejores oportunidades. Mantén siempre los ojos abiertos para ver las oportunidades nacientes. Así cuando llegue el momento crítico y un nuevo canal se presente, podrás entrar en él con tu mente completamente preparada para la tarea, y con esa inteligencia y comprensión que son hijas de la disciplina mental.

Cualquiera que sea tu tarea, concentra toda tu mente sobre ella, pon toda la energía de que seas capaz. La terminación impecable de pequeñas tareas lleva inevitablemente a tareas mayores. Ocúpate de subir escalando continuamente, y nunca caerás. He ahí el secreto del verdadero poder.

Aprende, mediante práctica constante, cómo unir tus recursos, y concentrarlos, en cualquier momento sobre un punto dado. Los necios desperdician toda su energía mental y espiritual en frivolidad, charla sin sentido, o discusión egoísta, eso sin mencionar desperdicio por excesos físicos.

Si quieres adquirir poder irresistible, debes cultivar el aplomo y la pasividad. Debes ser capaz de pararte solo. Todo el poder está asociado con la inmovilidad. La montaña, la gran roca, el roble curtido por las tormentas, todos nos hablan de poder, debido a su fijeza desafiante y su grandeza solitaria; por otro lado, la arena movediza, la brizna de hierba que cede, el junco que ondea nos evocan debilidad, porque son movibles y no resisten, y son completamente inútiles separados de sus compañeros.

El hombre de poder es quien, cuando todos sus compañeros son dominados por alguna emoción o pasión, se mantiene calmado y sin alterarse. El único adecuado para mandar y controlar es quien ha tenido éxito en mandarse y controlarse a sí mismo.

Deja que busquen compañía los histéricos, los miedosos, los desconsiderados y frívolos, o caerán por falta de apoyo; pero los calmados, los valerosos, los meditativos buscan la soledad del bosque, del desierto, y de la cima de la montaña, y así añadirán más poder a su poder, y tendrán más y más éxito al sortear las corrientes y torbellinos síquicos que envuelven a la humanidad.

La pasión no es poder; es el abuso del poder, la dispersión del poder. La pasión es como una furiosa tormenta que golpea fiera y salvajemente sobre una roca, mientras que el poder es como la roca misma, que permanece silenciosa e inmóvil a través de todo.

Una manifestación de verdadero poder fue cuando Martín Lutero, cansado con los argumentos de sus cobardes amigos que dudaban de su seguridad si iba a Worms, replicó: «Si hubiera tantos demonios en Worms como tejas en los tejados, aun así iría.»

Y cuando Benjamín Disraeli se quebró en su primer discurso parlamentario, y atrajo la mofa de la audiencia, exhibió poder germinal cuando exclamó, «Llegará el día cuando consideren un honor escucharme.»

Cuando ese joven, a quien conocí —pasaba por continuos reveses y desventuras— fue objeto del escarnio de sus amigos que le aconsejaron que desistiera de sus esfuerzos, replicó: «No está lejos el momento en que se maravillarán de mi éxito y buena fortuna.» Mostró que poseía ese silencioso e irresistible poder que lo ha hecho superar innumerables dificultades, y coronar su vida con éxito.

Si no tienes este poder, puedes adquirirlo mediante la práctica, y el principio del poder es similar al principio de la sabiduría. Debes comenzar por superar las trivialidades sin sentido de las cuales has sido hasta ahora una víctima voluntaria.

La risa bulliciosa e incontrolada, la difamación y la charla ociosa, y el bromear simplemente para causar risa, todas estas cosas se deben poner en un lado como pérdida de energía valiosa.

San Pablo nunca demostró su maravillosa penetración en las leyes ocultas del progreso humano más claramente que cuando advirtió a los Efesios contra «conversación y bromas necias que no son convenientes,» ya que hacer hábito de tales prácticas es destruir todo el poder y la vida espiritual.

A medida que tengas éxito en volverte impermeable a semejantes disipaciones mentales, empezarás a entender lo que es el verdadero poder, y entonces comenzarás a luchar con los más poderosos deseos y apetitos que mantienen encadenada a tu alma, y bloquean el camino al poder, y será claro tu progreso posterior.

Por sobre todo ten un solo objetivo; ten un propósito legítimo y útil, y dedícate sin cortapisas a él. No dejes que nada te desvíe; recuerda que el hombre indeciso es inestable en todos sus caminos.

Busca con ansia aprender, pero sé lento para suplicar. Comprende a profundidad tu trabajo, y hazlo tuyo; y a medida que procedas —siempre siguiendo tu Guía interna, la Voz infalible— pasarás de victoria en victoria, y te elevarás escalón en escalón a lugares cada vez más altos, y tu siempre expansivo panorama te revelará gradualmente la belleza esencial y al propósito de la vida.

Auto-purificado, la salud será tuya; protegido por la fe, el éxito será tuyo; auto-gobernado, el poder será tuyo, y todo lo que emprendas prosperará, porque entonces —habiendo dejado de ser una juntura floja, auto-esclavizado— estarás en armonía con la Gran Ley, ya no trabajando en contra sino a favor de la Vida Universal, el Bien Eterno.

Y la salud que ganes permanecerá contigo; el éxito que logres quedará más allá de todo cálculo humano, y nunca fenecerá; y la influencia y el poder que tengas continuarán creciendo a través de las eras, ya que será una parte del inmutable Principio que da apoyo al universo.

Este es, entonces, el secreto de la salud: un corazón puro y una mente bien ordenada. Este es el secreto del éxito: una fe que no flaquea y un propósito sabiamente dirigido; y jalar las riendas, con voluntad férrea, del oscuro potro del deseo, este es el secreto del poder.

Todos los caminos esperan que mis pies los pisen,
Los claros y oscuros, los vivos y los muertos,
El camino ancho y el angosto, el alto y el bajo,
El bueno y el malo, ya sea rápido o lento,
Ahora puedo tomar cualquier camino que quiera,
Y ver, caminando, cuál es bueno y cuál no.
Y mis pies vagabundos esperan todas las cosas,
Si por fin vengo, con voto inviolado,
Al camino angosto, alto y santo
De pureza de corazón, y me quedo ahí;
Caminando, protegido de quien se mofa e insulta,
A prados floridos, cruzando el camino de espinas.
Y puedo pararme donde la salud, el éxito y el poder
Esperan mi llegada, si, cada hora pasajera,
Me adhiero al amor y la paciencia;
Y tolero con pureza;
Y nunca me hago a un lado de la alta integridad;
Así veré al fin la tierra de la inmortalidad.
Y puedo buscar y hallar; puedo lograr,
No puedo reclamar, pero, perdiendo, puedo recobrar.

La ley no se dobla por mí, pero debo doblegarme
Hacia la ley, si quiero llegar al final
De mis aflicciones, si quiero restaurar en mi alma
La Luz y la Vida, y no llorar más.
No es mía la reclamación arrogante y egoísta
De todas las cosas buenas, sea mío el propósito humilde
De buscar y hallar, conocer y comprender,
Y la sabiduría guarde la dirección de los santos pasos
Nada es mío para reclamar o mandar,
Pero todo es mío para conocer y entender.

De la pobreza al poder

El secreto de la felicidad abundante

Muy grande es la sed de felicidad, e igualmente grande es la falta de felicidad. La mayoría de los pobres desean riquezas, creyendo que su posesión les traerá felicidad suprema y duradera.

De la pobreza al poder

El secreto de la felicidad abundante

Muchos ricos, habiendo satisfecho cada deseo y capricho, sufren de hartazgo y aburrimiento, y están más lejos de poseer la felicidad que los más pobres. Si reflexionamos sobre este estado de cosas, en última instancia llegaremos al conocimiento de la importantísima verdad de que la felicidad no es resultado de las simples posesiones materiales, ni la infelicidad de su falta; porque si así fuera, veríamos a los pobres siempre infelices y a los ricos siempre felices, mientras que lo inverso es frecuentemente el caso.

Algunas de las personas más miserables que he conocido estaban rodeados de riquezas y lujos, mientras que algunas de las personas más felices y brillantes que he conocido poseían solamente para las necesidades más básicas de la vida.

Muchos hombres que han acumulado riquezas han confesado que la satisfacción egoísta que siguió la adquisición de riquezas les ha robado la dulzura de la vida, y que nunca fueron tan felices como cuando eran pobres.

¿Qué es, entonces, la felicidad y cómo podemos asegurarla? ¿Es acaso una fantasía, un espejismo, y es el sufrimiento solitario permanente? Después de observación y reflexión seria, hallaremos que todos —excepto los que han tomado el camino de la sabiduría— creen que la felicidad es obtenida mediante la satisfacción de los deseos.

Es esta creencia, enraizada en el suelo de la ignorancia y continuamente regada por ansias egoístas, la que es la causa de toda la miseria en el mundo.

Y no limito la palabra deseo a las más groseras ansias animales; se extiende a la región síquica más elevada, donde ansias más poderosas, sutiles e insidiosas aprisionan al intelectual y al refinado, privándolos de toda esa belleza, armonía y pureza de alma cuya expresión es la felicidad.

La mayoría de la gente admitirá que el egoísmo es la causa de toda la infelicidad en el mundo, pero caen víctimas del engaño, destructor del alma, de que es el egoísmo de los demás, y no el propio.

Cuando estés dispuesto a admitir que toda tu infelicidad es el resultado de tu propio egoísmo estarás cerca de las puertas del paraíso; pero mientras estés convencido de que el egoísmo de otros te roba la alegría, seguirás prisionero de tu propio purgatorio.

La felicidad es ese estado interior de satisfacción

perfecta que es alegría y paz, y del cual es eliminado el deseo. La satisfacción que resulta del deseo satisfecho es breve e ilusoria, y siempre está seguida de una mayor exigencia de satisfacción.

El deseo es tan insaciable como el océano, y grita más y más fuerte si cedemos a sus exigencias. Reclama servicios siempre mayores de sus engañados devotos, hasta que son golpeados por angustia física o mental, y son arrojados a los purificadores fuegos del sufrimiento. El deseo es semejante al infierno, y todos los tormentos se centran ahí.

El abandono del deseo es la realización de cielo, y todos los deleites esperan ahí al peregrino.

> *Envié mi alma a través de lo invisible,*
> *Una carta del mas allá,*
> *Y poco a poco mi alma regresó,*
> *Y murmuró, «Yo misma soy cielo e infierno.»*

El cielo y el infierno son estados internos. Húndete en el Yo y todas sus satisfacciones, y te hundirás en un infierno; elévate hacia ese estado de consciencia que es la total negación y olvido del Yo, y entrarás en un cielo.

El Yo es ciego, sin juicio, sin verdadero conocimiento, y siempre lleva al sufrimiento. La percepción correcta, el juicio recto, y el verdadero conocimiento pertenecen solamente al estado divino, y sólo en la medida en la que realices esta consciencia divina puedes saber lo que es la verdadera felicidad.

En tanto persistas egoístamente en buscar tu propia

felicidad personal, la felicidad te eludirá, y estarás arrojando las semillas de la infelicidad.

En tanto logres perderte en el servicio a otros, en esa medida vendrá a ti la felicidad, y levantarás una cosecha de dicha.

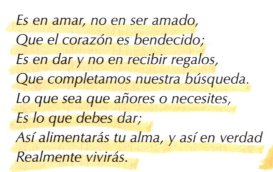

*Es en amar, no en ser amado,
Que el corazón es bendecido;
Es en dar y no en recibir regalos,
Que completamos nuestra búsqueda.
Lo que sea que añores o necesites,
Es lo que debes dar;
Así alimentarás tu alma, y así en verdad
Realmente vivirás.*

Aférrate al Yo, y te aferrarás a la pena; renuncia al Yo, y entrarás en la paz. Buscar egoístamente no es sólo perder la felicidad, sino aquello que creemos que es la fuente de la felicidad.

Ve cómo el glotón busca continuamente un nuevo manjar para estimular su apetito adormecido; y cómo, hinchado, recargado y enfermo, escasamente come con placer algún alimento.

Por otra parte, aquél que ha dominado su apetito, y no sólo no busca sino que nunca piensa en placeres del gusto, halla placer en la comida más frugal. La forma angélica de la felicidad, que los hombres —viendo a través de los ojos del Yo— imaginan ver en el deseo satisfecho, cuando es atrapada siempre resulta ser el esqueleto de la miseria. Como dijo Jesús, el Enviado de Dios, «El que busca su vida la perderá, y el que la pierda la encontrará.»

La felicidad duradera vendrá a ti cuando, dejando de aferrarte egoístamente, estés dispuesto a darte por vencido. Cuando estás dispuesto a perder, sin reservas, esa cosa pasajera que es tan querida para ti, y que —ya sea que te aferres o no— te será arrancada algún día, entonces hallarás que lo que parecía una dolorosa pérdida resulta ser una ganancia suprema.

No hay mayor engaño que darse por vencido para ganar, ni más fructífera fuente de miseria; pero estar dispuesto a ceder y sufrir pérdidas, este es realmente el Camino de la Vida.

¿Cómo es posible hallar verdadera felicidad centrándonos en las cosas que, por su misma naturaleza, deben fenecer? La felicidad real y duradera sólo puede ser hallada centrándonos en lo que es permanente.

Por tanto, elévate sobre las ansias y el aferrarte a cosas temporales, y entonces entrarás en una consciencia de lo Eterno, y ya que, al elevarte sobre el Yo —y creciendo más y más en el espíritu de la pureza, el auto-sacrificio y el Amor universal— te vuelves más centrado en esa consciencia, realizarás esa felicidad que no tiene reacción, y nunca te será quitada.

El corazón que ha alcanzado completa abnegación en su amor por otros no sólo tiene la mayor felicidad, sino que ha entrado a la inmortalidad, porque ha realizado lo Divino.

Fíjate en tu vida, y encontrarás que los momentos de felicidad suprema fueron aquellos en los que proferiste una palabra, o llevaste a cabo un acto de compasión o amor abnegado. Espiritualmente, felicidad y armonía son sinónimos.

La armonía es una fase de la Gran Ley cuya expresión espiritual es el amor. Todo el egoísmo es discordia, y ser egoísta es estar en disonancia con el orden Divino.

A medida que realizamos ese amor que cubre todo que es la negación del yo, nos ponemos en armonía con la música divina, la canción universal, y esa inefable melodía, que es que la verdadera felicidad sea nuestra.

Hombres y mujeres se apresuran de aquí para allá en una búsqueda ciega por la felicidad, y no pueden hallarla; y nunca lo harán hasta que reconozcan que la felicidad ya está dentro de ellos y a su alrededor, llenando el universo, y que ellos, en su egoísta búsqueda se cierran sus puertas.

> *Seguí a la felicidad para hacerla mía,*
> *Pasando el alto roble y la sinuosa hiedra.*
> *Huyó, y la perseguí atravesando montes y valles,*
> *Atravesando campos y prados, en el regio valle;*
> *Persiguiendo rápidamente sobre la veloz corriente.*
> *Escalé las alturas embriagantes donde las águilas gritan;*
> *Atravesé con celeridad todo terreno.*
> *Pero la felicidad siempre me eludió.*
> *Exhausto, a punto del desmayo, no perseguí más,*
> *Sino que me hundí en el descanso de un puerto*
>   *abandonado.*
> *Alguien vino y me pidió alimento, y otro para las ánimas*
> *Puse el pan y el oro sobre manos huesudas.*
> *Otro llegó por comprensión, y uno más por descanso;*
> *Compartí lo mejor de mí con los necesitados;*

*Cuando, ¡Albricias! La dulce Felicidad, con su forma
  divina,
Se paró a mi lado, murmurando, «Soy tuya.»*

Estas hermosas líneas de Burleigh expresan el secreto de toda la felicidad que abunda. Sacrifica lo personal y transitorio, e inmediatamente te elevas hacia lo impersonal y permanente.

Abandona ya ese angosto y apretado Yo que busca que todas las cosas sirvan a sus nimios intereses, y entrarás a la compañía de los ángeles, al mismísimo corazón y esencia del Amor Divino.

Olvídate completamente de ti mismo en las penas de otros y en atenderlos, y la divina felicidad te liberará de toda pena y sufrimiento.

«Dando el primer paso con un pensamiento bueno, el segundo con una palabra buena, y el tercero con una buena obra, entré al Paraíso.» Y tú también puedes entrar al Paraíso siguiendo el mismo camino. No está lejos, está aquí. Solamente pueden hacerlo los generosos.

Esto es sabido enteramente sólo por los puros de corazón. Si no has logrado realizar esta felicidad sin límites puedes comenzar a ponerla en práctica fijándote el alto ideal del amor generoso y aspirando a él.

Aspiración o plegaria es deseo que apunta hacia arriba. Es el alma que voltea hacia su fuente Divina, único lugar donde puede hallar satisfacción permanente. Mediante la aspiración las fuerzas destructivas del deseo son transformadas en energía divina y preservadora.

Aspirar es hacer un esfuerzo para sacudirte las ataduras del deseo; es hijo pródigo hecho sabio por la soledad y el sufrimiento, que regresa a la Mansión del Padre.

A medida que te eleves sobre el sórdido Yo; a medida que rompas, una por una, las cadenas que te atan, percibirás la alegría de dar, distinguiéndola de la miseria de tomar —dar de tu sustancia, dar de tu intelecto, dar del amor y la luz que crecen en ti.

Entonces entenderás que realmente es «más bendito dar que recibir.» Pero la donación debe ser de corazón sin mancha alguna del Yo, sin deseo de recompensa. El regalo de amor puro siempre es recibido con júbilo. Si, después de dar, estás dolido porque no te lo agradecieron o te halagaron, o porque no pusieron tu nombre en el periódico entonces entiende que tu regalo fue motivado por la vanidad y no por el amor, y que estabas dando con la idea de recibir; realmente no dabas sino que tomabas.

Piérdete en el bienestar de otros; olvídate de ti en todo lo que hagas; este es el secreto de la felicidad abundante.

Vigila siempre el regreso del egoísmo; y aprende fielmente las lecciones divinas del sacrificio interno; así escalarás las mayores alturas de la felicidad, y permanecerás en la claridad, nunca nublada, de la alegría universal, vestido con las brillantes ropas de la inmortalidad.

> *¿Buscas la felicidad que no se desvanece?*
> *¿Buscas la alegría que vive, y no deja días de pesar?*
> *¿Jadeas buscando los arroyos del Amor, y la Vida, y la Paz?*

Manda lejos todos los deseos oscuros y cesa la búsqueda egoísta.
¿Persistes en los caminos del dolor, acosado por el pesar, golpeado por el resentimiento?
¿Andas por los caminos que más lastiman tus cansados pies?
¿Suspiras por el Lugar de Descanso donde cesan las lágrimas y las penas?
Entonces sacrifica tu egoísta corazón y encuentra el Corazón de la Paz.

La realización de la prosperidad

La verdadera prosperidad solamente es concedida al corazón en el que abunda la integridad, la confianza, la generosidad y el amor. El corazón que no posee estas cualidades no puede conocer la prosperidad, porque la prosperidad, como la felicidad, no es una posesión externa, sino una realización interna.

De la pobreza al poder

La realización de la prosperidad

El hombre avaro puede llegar a ser millonario, pero siempre será miserable, y malo, y pobre, y se considerará objetivamente pobre mientras haya un hombre en el mundo que sea más rico que él, mientras que el íntegro, generoso y amoroso logrará una completa y rica prosperidad, aun y cuando objetivamente tenga pocas posesiones.

Es pobre el insatisfecho; es rico el que está contento con lo que tiene, y es todavía más rico el que es generoso con lo que tiene.

Cuando contemplamos el hecho de que el universo abunda en todas las cosas buenas, tanto materiales como espirituales, y lo comparamos con las ansias ciegas humanas de asegurarse unas cuantas doradas monedas, o unos acres de tierra, es que nos damos cuenta lo oscuro e ignorante que es el egoísmo; es entonces que comprendemos que la búsqueda del Yo es auto-destrucción.

==La Naturaleza da todo, sin reservas, y no pierde nada; el hombre, agarrando todo, pierde todo.==

Si logras la verdadera prosperidad no te establezcas, como muchos han hecho, en la creencia de que si haces lo correcto todo irá mal. No permitas que la palabra «competición» sacuda tu fe en la supremacía de la corrección moral.

No me importa cuando la gente habla de las «leyes de la competición», ya que ¿acaso no conozco la Ley inmutable, que un día los pondrá en desbandada, y que los pone en desbandada aun ahora en el corazón y la vida del hombre justo?

Y conociendo esta Ley puedo observar toda la deshonestidad con tranquilidad imperturbable, porque yo sé dónde le espera destrucción cierta. Bajo todas las circunstancias haz lo que creas correcto, y confía en la Ley; confía en el Divino Poder que está suspendido sobre el universo, y nunca te abandonará, y siempre estarás protegido.

Mediante semejante confianza todas tus pérdidas serán convertidas en ganancias, y todas las maldiciones que te amenazan serán transformadas en bendiciones. Nunca dejes ir la integridad, la generosidad y el amor, porque ellas, junto con la energía, te elevarán al estado verdaderamente próspero.

No le creas al mundo cuando te dice que atiendas primero al «número uno», y a los otros después. Hacer esto es no pensar en los demás en absoluto, sino sólo en la propia comodidad.

A aquellos que lo hacen así les llegará el día en que todos los abandonen, y cuando lloren en su soledad y su angustia no habrá quien los escuche y ayude. Considerarse a uno mismo antes que a los demás es estorbar y deformar y obstaculizar cada impulso noble y divino.

Permite que tu alma se expanda, y que tu corazón se extienda a otros en amorosa y generosa calidez, y tu alegría será grande y duradera, y vendrá a ti la prosperidad. Los que se han desviado del camino de la corrección se cuidan de la competición; los que siempre siguen el bien no necesitan ocuparse de semejante defensa.

Este no es un enunciado vacío. Existen hoy hombres que, por el poder de la integridad y la fe, han desafiado toda competición, y quienes, sin desviarse en lo más mínimo de sus métodos, cuando otros han competido con ellos, se han elevado firmemente hacia la prosperidad, mientras que quienes intentaban derrotarlos han caído vencidos.

Poseer estas cualidades interiores que constituyen la bondad es estar blindado contra todos los poderes del mal, y estar doblemente protegido en cada momento de prueba; y fortalecerse en estas cualidades es construir un éxito que no puede ser estremecido, y entrar en una prosperidad que durará para siempre.

La Túnica Blanca del Corazón Invisible
Está manchada con pecado y pena, aflicción y dolor,
Y todos los manantiales y lagos de oración arrepentida
No serán suficientes para blanquearla de nuevo.
Mientras camino por la ruta de la ignorancia,
Las manchas del error no cesarán de aferrarse
Desfiladeros marcan la torcida ruta del yo,
Donde se agazapa la angustia y pica la decepción.
Solamente el conocimiento y la sabiduría podrán
Purificar y limpiar mi vestimenta,
Porque ahí yacen las aguas del amor;
    ahí descansa
La Paz tranquila, eterna y serena.
Pecar y arrepentirse son la ruta del dolor,
Conocimiento y sabiduría son la ruta
    de la Paz
Por la práctica frugal hallaré
Dónde comienza la dicha, cómo cesan
    los dolores y penas.
El Yo se irá, y la Verdad tomará su lugar
El Inmutable, el Indivisible
Tomará Su residencia en mí, y limpiará
La Blanca Túnica del Corazón Invisible.

Parte II

El camino de la paz

De la pobreza al poder

El poder de la meditación

La meditación Espiritual es la escalera mística que va de la tierra al cielo, del error a la Verdad, del dolor a la paz. Todos los santos la han escalado; todos los pecadores tarde o temprano deben llegar a ella, y todo peregrino exhausto que de la espalda al mundo y vuelve su rostro resueltamente hacia el Hogar del Padre, debe plantarse bien sobre sus escalones dorados.

De la pobreza al poder

El poder de
la meditación

La Meditación es la ponderación intensa, en el pensamiento, sobre una idea o tema, con el objeto de comprenderlo en todos sus detalles, y llegarás no sólo a entender aquello sobre lo cual meditas constantemente, sino que irás pareciéndote cada vez más a eso sobre lo cual meditas, ya que ese algo se incorporará en tu ser, de hecho, se volverá tu ser. Si, por tanto, constantemente ponderas lo que es egoísta y denigrante, en última instancia te volverás egoísta y te denigrarás; si incesantemente piensas sobre lo puro y generoso, con seguridad te volverás puro y generoso.

Dime aquello sobre lo cual piensas con más frecuencia e intensidad, eso a lo cual —en tus horas de reposo— tu alma naturalmente se vuelve, y te diré que viajas hacia tal o cual lugar de dolor o paz, y si estás llegando a la semejanza con lo divino o lo bestial.

Hay una tendencia inevitable a volverse literalmente

la encarnación de aquella cualidad sobre la cual uno piensa constantemente. Entonces, que el objeto de tu meditación sea elevado y no bajo, de modo que cada vez que vuelvas a él seas elevado; que sea puro y sin mezcla de elemento egoísta alguno; así tu corazón será purificado y atraído más cerca de la Verdad, y no desviado y arrastrado sin remedio al error.

La Meditación, en el sentido espiritual en el cual la estoy usando, es el secreto de todo el crecimiento en la vida y conocimiento espirituales. Todos los profetas, sabios y salvadores llegaron a serlo por el poder de la meditación. Buda meditó acerca de la verdad hasta que pudo decir «Yo soy la Verdad». Jesús rumió la Divina presencia dentro de sí hasta que pudo declarar «Mi Padre y yo somos Uno».

La Meditación centrada en realidades divinas es la esencia misma y alma de la oración. Es el silencioso alcance del alma hacia lo Eterno. La mera oración para pedir es un cuerpo sin alma, y carece de poder para elevar la mente y el corazón por sobre el pecado y la aflicción.

Si a diario rezas pidiendo sabiduría, paz, mayor pureza y una mayor realización de la Verdad, y aquello por lo que rezas está todavía lejos de ti, significa que rezas por una cosa mientras vives y piensas otra. Si dejas esa actitud contradictoria, alejando tu mente de esas cosas cuyo egoísta agarre te obstaculiza la posesión de las limpias realidades por las que rezas: si ya no pides a Dios que te conceda aquello que no mereces, o que te otorgue el amor y la compasión que rehúsas otorgar a otros, sino que comienzas a pensar y actuar en el espíritu de la Verdad, día tras día te acercarás a esas realidades, de modo que terminarás volviéndote uno con ellas.

El que quiera asegurar ventajas mundanas debe estar dispuesto a trabajar vigorosamente por ellas, y sería necio realmente quien, esperando de brazos cruzados, esperara su llegada sólo por preguntar. Entonces no imagines vanamente que puedes obtener posesiones celestiales sin hacer esfuerzo.

Sólo cuando empieces a trabajar seriamente en el Reino de la Verdad te será permitido participar del Pan de la Vida, y cuando, por esfuerzo paciente y sin quejas, hayas ganado los bienes espirituales que pides, no te serán negados.

Si realmente buscas la Verdad, y no solamente tu propia gratificación; si la amas por encima de todos los placeres y ganancias mundanas; aun más que la felicidad misma, entonces estarás dispuesto a hacer el esfuerzo necesario para lograrla.

Si pudieras verte libre del pecado y la pena; si pudieras probar la pureza sin mancha por la cual suspiras y rezas; si pudieras obtener sabiduría y conocimiento, y pudieras poseer paz profunda y duradera, ven ahora mismo y toma el camino de la meditación, y que el objeto supremo de tu meditación sea la Verdad.

Para comenzar, debemos distinguir la meditación de la ensoñación ociosa. La meditación no es soñadora ni poco práctica. Es un proceso de pensamiento penetrante y sin términos medios que no permite que quede sino la verdad desnuda.

Meditando así ya no te esforzarás por reforzar tus prejuicios, sino que, olvidándote de ti mismo, recordarás solamente que buscas la Verdad. Y así eliminarás, uno por uno, los errores que has construido a tu alrededor en el pasado, y pacientemente esperarás la revelación de la Verdad que vendrá cuando hayas removido suficientes errores. En la silenciosa humildad de tu corazón te darás cuenta que

> «Hay un centro muy interno en todos nosotros
> Donde reside la Verdad completa; y alrededor,
> Capa por capa, la gruesa carne la contiene;
> Esta perfecta, clara percepción, que es la Verdad,
> Es cegada por una red carnal desconcertante y pervertida
> que la lleva al error; y saber,
> Consiste en abrir una vía
> Por donde pueda escapar el esplendor,
> Más que en entrar por una luz
> Que suponemos está por fuera.»

Elige una parte del día en la cual meditar, y haz que ese periodo sea sagrado en tus propósitos. El mejor momento es muy temprano por la mañana cuando el espíritu del reposo está sobre todas las cosas. Todas las condiciones naturales estarán a tu favor; las pasiones, después del largo ayuno de la noche, estarán dominadas, habrán pasado las emociones y preocupaciones del día anterior, y la mente, fuerte y descansada, estará receptiva a la instrucción espiritual.

En verdad, uno de los primeros esfuerzos que tendrás que hacer será sacudirte el letargo y la indulgencia, y si te rehúsas serás incapaz de avanzar, porque las exigencias del espíritu son imperativas.

Estar despierto espiritualmente es también estar despierto mental y físicamente. El perezoso y el autoindulgente no pueden conocer la Verdad.

El que, poseyendo salud y fuerza, desperdicia las tranquilas y preciosas horas de la callada mañana en indulgencia soñolienta es totalmente inadecuado para escalar las alturas celestiales.

Aquél cuya consciencia que despierta está viva a sus elevadas posibilidades, que está empezando a sacudirse la oscuridad y la ignorancia que envuelven al mundo, se levanta antes de que las estrellas hayan terminado su vigilia, y, luchando con la oscuridad en su alma, se esfuerza —por aspiración divina— en percibir la luz de la Verdad mientras el mundo dormido sueña.

> «Las alturas alcanzadas por grandes hombres,
> No fueron logradas por una carrera repentina,
> Sino que ellos, mientras sus compañeros dormían,
> Bregaban avanzando en la noche.»

Ningún santo, ningún hombre de Dios, ningún maestro de la Verdad vivió que no se levantara temprano en la mañana. Jesús habitualmente se levantaba temprano, e iba a las montañas solitarias para entrar en santa comunión. Buda siempre se levantaba una hora antes del amanecer y meditaba, y exhortaba a sus discípulos a hacer lo mismo.

Si debes comenzar tus tareas diarias a una hora muy temprana, y por ende, impedido de emplear la mañana en meditación sistemática, intenta alguna hora en la noche, y si esto llegara —por la duración y laboriosidad de tus tareas diarias— a serte negado, no desesperes, ya que puedes elevar tus pensamientos en santa meditación en los intervalos de tu trabajo, o en esos pocos minutos libres que ahora desperdicias sin propósito; y si tu trabajo fuera del tipo que se vuelve automático por la práctica, puedes meditar mientras lo haces.

El eminente santo y filósofo cristiano, Jacob Boehme, llegó a su vasto conocimiento de las cosas divinas mientras trabajaba largas horas como zapatero. En cada vida hay tiempo para pensar, y aun los más ocupados y laboriosos no están privados de la aspiración y la meditación.

La meditación espiritual y la auto-disciplina son inseparables; por tanto, comenzarás por meditar acerca de ti mismo para lograr comprenderte, porque, recuerda, el gran objetivo que tendrás a la vista será el de eliminar completamente tus errores para que puedas lograr la Verdad. Empezarás a cuestionar tus motivos, pensamientos y actos, comparándolos con tu ideal, y esforzándote por verlos con mirada tranquila e imparcial.

De esta manera estarás continuamente ganando más de ese equilibrio mental y espiritual sin el cual los hombres son indefensas pajas flotando en el océano de la vida. Si eres dado al odio o a la ira meditarás sobre gentileza y perdón, para que te vuelvas agudamente sensible a tu conducta dura y necia.

Luego empezarás a ponderar pensamientos de amor, gentileza, de abundante perdón; y a medida que superes lo menor por lo superior, gradualmente pondrán en tu corazón un conocimiento de la divina Ley del Amor con la comprensión de su papel en todas las sutilezas de la vida y la conducta. Y al aplicar este conocimiento a cada pensamiento, palabra y acto tuyos, crecerás en gentileza, amor y divinidad.

Y así cada error, cada deseo egoísta, cada debilidad humana; es superada por el poder de la meditación, y a medida que cada pecado, cada error es arrojado fuera, ilumina el alma del peregrino una Luz de la Verdad más clara y más completa.

Meditando así, estarás incesantemente fortificándote contra el único enemigo real, tu Yo egoísta y perecedero, y estarás estableciéndote más y más firmemente en el Yo Divino e inmortal que es inseparable de la Verdad. El resultado directo de tus meditaciones será una tranquila fuerza espiritual que será tu refugio y lugar de descanso en la lucha por la vida.

Grande es el poder arrasador del pensamiento, y la fuerza y el conocimiento ganados en la hora de meditación silenciosa enriquecerán el alma con recuerdos salvadores en la hora del esfuerzo, de la pena o de la tentación.

Cuando, por el poder de la meditación, crezcas en sabiduría, abandonarás, más y más, tus deseos egoístas que son volubles, pasajeros y productores de pena y dolor; y tomarás tu puesto, con creciente firmeza y confianza, sobre principios inmutables, y lograrás descanso celestial.

El uso de la meditación es la adquisición de

conocimiento de principios eternos, y el poder que resulta de la meditación es la habilidad de descansar y confiar en esos principios, y así volverse uno con el Eterno. El fin de la meditación es, por tanto, el conocimiento directo de la Verdad, de Dios, y la realización de paz profunda y divina.

Deja que tus meditaciones se eleven a partir del terreno ético que ahora ocupas. Recuerda que crecerás en la Verdad por perseverancia firme.

Si eres un cristiano ortodoxo, medita incesantemente sobre la pureza sin mancha y la excelencia divina del carácter de Jesús, y aplica cada uno de sus preceptos a tu vida interior y conducta externa, de modo que te aproximes cada vez más a su perfección.

No seas como esos religiosos, que, rehusándose a meditar sobre la Ley de la Verdad, y a poner en práctica los preceptos recibidos de su Maestro, se contentan con adorar formalmente, aferrándose a sus credos particulares, y continuar incesantemente en la rueda del pecado y el sufrimiento.

Esfuérzate para elevarte, mediante el poder de la meditación, sobre todo el apego egoísta a dioses parciales o credos de partido; sobre formalidades muertas e ignorancia sin vida. Caminando así la alta vía de la sabiduría, con la mente fija en la limpia Verdad, no conocerás lugar que te detenga fuera de la Verdad.

Quien medita seriamente primero percibe una verdad, como si estuviera lejana, y luego la lleva a cabo mediante práctica diaria.

Solamente el que practica la Palabra de la Verdad puede conocer la doctrina de la Verdad, ya que si la Verdad es percibida por pensamiento puro, solamente es actuada en la práctica.

Decía el Buda Gautama, «Quien se entrega a la vanidad, y no se entrega a la meditación, olvidando el verdadero objetivo de la vida y tomando el placer, con el tiempo envidiará a quien se ha ejercitado en la meditación», e instruyó a sus discípulos en las siguientes «Cinco Grandes Meditaciones»:

✤ **La PRIMERA meditación es LA MEDITACION DEL AMOR,** en la cual ajustas tu corazón de manera que anheles la riqueza y bienestar de todos los seres, incluida la felicidad de tus enemigos.

✤ **La SEGUNDA meditación es LA MEDITACION DE LA COMPASION,** en la cual piensas en todos los seres afligidos, vívidamente representando en tu imaginación sus penas y ansiedades de manera que motives profunda compasión por ellos en tu alma.

✤ **La TERCERA meditación es LA MEDITACION DE LA ALEGRIA,** en la que piensas en la prosperidad de otros, y te regocijas con sus alegrías.

✤ **La CUARTA meditación es LA MEDITACION DE LA IMPUREZA,** en la que consideras las malvadas consecuencias de la corrupción, los efectos del pecado y las enfermedades. Lo trivial que es el placer del momento, y cuan fatales sus consecuencias.

✤ **La QUINTA meditación es la meditación de la serenidad,** en la cual te elevas por encima del amor y el odio, la tiranía y la opresión, riqueza y necesidad, y consideras tu propio destino con calma imparcial y perfecta tranquilidad.

Pero, ya sea que te dediques a estas meditaciones en particular o no, tiene poca importancia en tanto tu objetivo sea la Verdad, en tanto tengas hambre y sed de la rectitud de una vida santa y sin culpa.

En tus meditaciones, por ende, deja que tu corazón crezca con un amor siempre en expansión, hasta que —libre de todo odio, pasión y condena— abrace a todo el universo con una considerada ternura.

Así como la flor abre sus pétalos para recibir la luz de la mañana, abre tu alma más y más a la gloriosa luz de la Verdad. Vuela sobre las alas de la aspiración; sé valeroso y cree en las posibilidades más nobles. Cree que es posible una vida de absoluta humildad; cree que es posible una vida de pureza sin mancha; cree que es posible una vida de santidad perfecta; cree que es posible la realización de la más alta verdad. Quien así lo cree, escala rápidamente las colinas celestiales, mientras que los incrédulos continúan su camino oscura y dolorosamente en los valles llenos de niebla.

Creyendo así, con aspiraciones así, meditando así, tus experiencias espirituales serán divinamente dulces y bellas, y gloriosas las revelaciones que encantarán tu visión interna. A medida que hagas real el Amor divino, la Justicia divina, la Pureza divina, la Ley Perfecta del Bien, o Dios, serán grandes tu júbilo y profunda tu paz.

Las cosas viejas pasarán, y todo será nuevo.

El velo del universo material, tan denso e impenetrable para el ojo del error, tan delgado y transparente para el ojo de la Verdad, será levantado y será revelado el universo espiritual. El tiempo cesará, y vivirás solamente en la Eternidad. El cambio y la mortalidad ya no te causarán ansiedad ni pena, porque te establecerás en lo inmutable, y residirás en el mismo corazón de la inmortalidad.

Los dos maestros: El YO y La VERDAD

En el campo de batalla del alma humana, dos maestros luchan siempre por la corona de la supremacía, por el reinado y dominio del corazón; el maestro Yo, y el maestro Verdad.

De la pobreza al poder

Los dos maestros: El YO y La VERDAD

El maestro Yo es ese rebelde cuyas armas son la pasión, el orgullo, la avaricia y la vanidad, todos instrumentos de la oscuridad. El maestro Verdad es ese gentil y humilde cuyas armas son la gentileza, la paciencia, la pureza, el sacrificio, la humildad, y el amor, todos instrumentos de la Luz. En cada alma se lleva a cabo esta batalla, y así como un soldado no puede estar al mismo tiempo en dos ejércitos opuestos, cada corazón es reclutado ya sea en las tropas del Yo o de la Verdad. No hay medias tintas.

«Aquí es Yo y acá es Verdad; donde hay Yo, no hay Verdad, donde hay Verdad, el Yo no está.» Así habló Buda. Jesús, el Cristo manifestado, declaró que «Nadie puede servir a dos amos, ya que odiará a uno y amará al otro; o apreciará a uno y despreciará al otro. No pueden servir a Dios y al Dinero.»

La verdad es tan simple, tan absolutamente recta y

sin compromisos que no admite complejidad, vueltas o aclaraciones. El Yo es ingenioso, torcido y gobernado por sutil y serpenteante deseo, admite innumerables vueltas y aclaraciones, y los engañados adoradores del Yo vanamente imaginan que pueden satisfacer cada deseo mundano, y al mismo tiempo poseer la verdad. Pero los amantes de la Verdad adoran la verdad con el sacrificio del yo, e incesantemente están vigilantes contra lo mundano y el egoísmo.

¿Buscas conocer y realizar la Verdad? Entonces debes estar preparado para sacrificar, renunciar al máximo, porque la Verdad en toda su gloria sólo puede ser percibida y conocida cuando ha desaparecido el último vestigio del Yo.

El Cristo eterno declaró que quien fuera su discípulo debía «negarse a sí mismo diariamente.» ¿Estás dispuesto a negarte, abandonar tus apetitos, tus prejuicios, tus opiniones? Si es así, puedes pasar el angosto camino de la Verdad, y hallar esa paz que le está vedada al mundo. La absoluta negación, la máxima extinción, del Yo es el perfecto estado de la Verdad, y todas las religiones y filosofías no son sino tantas ayudas para este supremo logro.

Yo es la negación de la Verdad. Verdad es la negación del Yo. A medida que dejes morir el Yo, renacerás en la Verdad. Si te aferras al Yo, la Verdad quedará escondida para ti.

Mientras te aferres al Yo, tu camino estará plagado de dificultades, y repetidos dolores, penas y decepciones serán tuyos. No hay dificultades en la Verdad y, viniendo hacia la Verdad, serás liberado de toda pena y decepción.

La Verdad por sí misma no está oculta ni es oscura. Siempre está revelada y es perfectamente transparente. Pero el ciego y desviado Yo no puede percibirla. La luz del día no está oculta sino para los ciegos, y la Luz de la Verdad no está oculta sino para los que han sido cegados por el Yo.

La Verdad es la Realidad única en el universo, la Armonía interior, la Justicia perfecta, el Amor eterno. Nada puede añadírsele, ni quitársele. No depende de hombre alguno, sino que todos los hombres dependen de ella.

No puedes percibir la belleza de la Verdad mientras ves a través de los ojos del Yo. Si eres vano, pintarás todo con tus vanidades. Si eres lujurioso, tu corazón y tu mente estarán tan nublados con el humo y las llamas de la pasión, que todo aparecerá distorsionado a su través. Si eres orgulloso y testarudo, no verás en el universo entero sino la magnitud e importancia de tus opiniones.

Hay una cualidad que distingue de manera preeminente al hombre de la Verdad del hombre del Yo, y es la humildad. No sólo estar libre de vanidad, terquedad y egoísmo, sino considerar las propias opiniones como sin valor, esto es la humildad.

El que está inmerso en el Yo considera sus opiniones como la Verdad, y las opiniones de otros como errores. Pero ese humilde amante de la Verdad que ha aprendido a distinguir entre opinión y Verdad, considera a todos los hombres con el ojo de la caridad, y no busca defender sus opiniones contra las de ellos, sino que sacrifica esas opiniones que tal vez ama más, para poder manifestar el espíritu de la Verdad, porque la Verdad es por naturaleza inefable y sólo puede ser vivida. El que tiene más caridad tiene más de la Verdad.

Los hombres se enzarzan en acaloradas controversias, y neciamente imaginan que defienden la Verdad, cuando en realidad están defendiendo sus intereses mezquinos y opiniones pasajeras.

El seguidor del Yo toma las armas contra los demás. El seguidor de la verdad toma las armas en contra de sí propio. La Verdad, siendo inmutable y eterna, es independiente de tu opinión o de la mía. Podemos entrar en ella, o podemos quedarnos afuera; pero tanto nuestra defensa como nuestro ataque son superfluos, y son enviados de vuelta a nosotros.

Los hombres —esclavizados por el Yo, apasionado, orgulloso y condenatorio— creen que su credo o religión particular es la Verdad, y todas las otras religiones están equivocadas; y acopian prosélitos con ardor apasionado. Ha una sola religión, la religión de la Verdad. Hay un solo error, el error del Yo. La Verdad no es una creencia formal; es un corazón generoso, santo y con aspiraciones, y quien tiene la Verdad está en paz con todos y acaricia a todos con pensamientos amorosos.

Fácilmente puedes saber si eres hijo de la Verdad o un adorador del Yo, si silenciosamente examinas tu mente, corazón y conducta. ¿Albergas pensamientos de sospecha, enemistad, envidia, lujuria, orgullo? ¿O luchas denodadamente contra ellos? Si lo primero, estás encadenado al Yo, sin importar la religión que profeses; si lo segundo, eres un candidato para la Verdad, aun cuando externamente no profeses una religión. ¿Eres apasionado, voluntarioso, siempre buscando tus propios fines, indulgente, centrado en tí? ¿o eres gentil, tranquilo, generoso, sin ser indulgente contigo mismo, y estás siempre listo para renunciar a lo propio?

Si lo primero, el Yo es tu maestro; si lo segundo, la Verdad es el objeto de tu afecto. ¿Te esfuerzas por alcanzar riquezas? ¿Luchas con pasión por tu partido? ¿Ambicionas poder y liderazgo? ¿Eres dado a la ostentación y la auto alabanza? ¿O has renunciado al amor por las riquezas? ¿Has dejado toda lucha? ¿Estás contento con tener el último lugar y pasar inadvertido? ¿Has dejado de hablar de ti mismo y de considerarte con orgullo auto-complaciente? Si lo primero, aun y cuando imagines adorar a Dios, el dios de tu corazón es el Yo. Si lo segundo, aun y cuando cierres tus labios a la adoración, resides en lo Más Alto.

Los signos mediante los cuales es reconocido el amante de la Verdad son inconfundibles.

Cuando los hombres, perdidos en los malvados caminos del error y del Yo, han olvidado el «nacimiento celestial», el estado de santidad y Verdad, inventan patrones artificiales para juzgarse unos a otros, y hacen de la aceptación y adherencia a su teología particular, la prueba de la Verdad; y así los hombres están divididos unos contra otros, y hay incesante enemistad y lucha, e interminables pena y sufrimiento.

Lector, ¿buscas hacer realidad el nacimiento en la Verdad? Sólo hay una manera: Deja que muera el Yo. Todos esos apetitos, deseos, opiniones, concepciones limitadas y prejuicios a los que te haz aferrado tan tenazmente, déjalos ir. Ya no permitas que te aten, y la Verdad será tuya.

Deja de considerar tu religión como superior a todas las otras, y esfuérzate en aprender la suprema lección de la caridad. Busca diligentemente el camino de la santidad.

Renunciar al Yo no es solamente renunciar a las cosas externas. Consiste en la renuncia al pecado interior, el error interior. No es renunciar a ropas vanas; ni abandonar las riqueza; no es abstenerse de ciertos alimentos; ni proferir palabras suaves; no es haciendo esas cosas que hallamos la Verdad; sino renunciando al espíritu de la vanidad; abandonando el deseo de riquezas; absteniéndonos del apetito de propia indulgencia; renunciando a todo el odio, lucha, condena, y búsqueda de sí mismo, y volviéndose gentil y puro de corazón; haciendo estas cosas es que hallamos la verdad.

Hacer lo primero y no lo segundo, es fariseísmo e hipocresía, mientras que lo segundo incluye lo primero. Puedes renunciar al mundo exterior, y aislarte en una cueva o en las profundidades de un bosque, pero llevarás todo tu egoísmo contigo y, a menos que renuncies a ello, será realmente grande tu miseria y profundo tu engaño.

Puedes permanecer donde estás, cumpliendo con tus deberes, y aun así renunciar al mundo, el enemigo interno. Estar en el mundo sin estar en el mundo es la más alta perfección, el lugar más bendito, es lograr la más grande victoria. La renuncia al Yo es el camino de la Verdad, por tanto,

«*Toma el Sendero; no aflicción como el odio,*
No hay dolor como la pasión, ni engaño como los sentidos;
Toma el Sendero; lejos ha llegado cuyos pies
Pisotean una tonta ofensa.»

A medida que tengas éxito en superar tu Yo empezarás a ver las relaciones correctas entre las cosas. El que es mecido por cualquier pasión, prejuicio, gusto o disgusto, ajusta todo a esa tendencia en particular, y solamente ve sus propios engaños.

Quien está libre de toda pasión, prejuicio, preferencia y parcialidad, se ve como es; ve a los otros como son; ve las cosas en sus proporciones adecuadas y relaciones correctas. Al no tener que atacar, nada que defender, nada que esconder y sin intereses que cuidar, está en paz. Ha percibido la profunda simplicidad de la Verdad, porque ese estado de la mente y del corazón sin distorsiones, tranquilo, bendito es el estado de la Verdad. Quien lo logra reside con los ángeles, y tiene lugar a los pies del Supremo.

Conociendo la Gran Ley; conociendo el origen de la pena; conociendo el secreto del sufrimiento; conociendo el sendero de la liberación en la Verdad, cómo puede uno trabarse en lucha o condena; porque sabe que el ciego y egoísta mundo, rodeado por las nubes de sus propias ilusiones, y envuelto en la oscuridad del error y del Yo, no puede percibir la firme Luz de la Verdad, y es completamente incapaz de comprender la profunda simplicidad del corazón en el que ha muerto, o está muriendo, el Yo.

Pero también sabe que cuando las eras de sufrimiento

hayan acumulado montañas de pena, el alma cargada y aplastada del mundo volará a su refugio final, y cuando hayan terminado las eras, cada hijo pródigo volverá bajo el ala de la Verdad. Y así vive en la buena voluntad hacia todos, y considera a todos con la tierna compasión que un padre otorga a sus hijos descarriados.

Los hombres no pueden entender la Verdad porque se aferran al Yo, porque creen en el Yo y lo aman, porque creen que el Yo es la única realidad, cuando es el gran engaño.

Cuando dejes de creer y de amar al Yo lo abandonarás, y volarás a la verdad, y hallarás la Realidad eterna.

Cuando los hombres están ebrios con el vino de los lujos, y del placer, y de la vanidad, la sed de vida crece y se profundiza en ellos, y se engañan con sueños de inmortalidad de la carne, pero cuando cosechan lo que sembraron, y sobrevienen el dolor y la pena, entonces, aplastados y humillados, dejando el Yo y todas sus borracheras, vienen —con corazones doloridos— a la única inmortalidad, la inmortalidad que destruye todos los engaños, la inmortalidad espiritual en la Verdad.

Los hombres pasan del mal al bien, del Yo a la Verdad, a través de la oscura puerta de la pena, porque la pena y el Yo son inseparables. Sólo en la paz y la dicha es vencida la pena. Si sufres una decepción porque tus queridos planes fueron contrariados, o porque alguien no satisfizo tus preparativos, es porque te aferras al Yo. Si sientes remordimiento por tu conducta, es porque has dado vía libre al Yo. Si estás abrumado por la desilusión y los lamentos, por la actitud que alguien tuvo contigo, es porque estás has estado consintiendo al Yo. Si te sientes lastimado por lo que te han hecho o dicho de ti, porque estás transitando el doloroso camino del Yo. Todo el sufrimiento es del Yo. Todo el sufrimiento termina en la Verdad. Cuando hayas entrado y percibido la Verdad, ya no sufrirás decepción, remordimiento, pesar y pena se alejarán de ti.

> «El Yo es la única prisión que puede atrapar el alma;
> La Verdad es el único ángel que puede abrir las puertas;
> Y cuando viene a llamarte,
>   levántate rápido y síguelo;
> Su camino puede atravesar la oscuridad, pero lleva al fin a la luz.»

La desgracia del mundo es producto de sí mismo. La pena purifica y profundiza el alma, y el extremo de la pena es el preludio de la Verdad.

¿Has sufrido mucho? ¿Has tenido penas profundas? ¿Has reflexionado seriamente sobre el problema de la vida? De ser así, estás preparado para empezar la guerra contra el Yo, y volverte un discípulo de la Verdad.

El intelectual que no ve la necesidad de renunciar al Yo, arma interminables teorías acerca del universo, y les llama "la Verdad"; pero tú sigue esa línea directa de conducta que es la práctica de la integridad, y verás que la Verdad no tiene lugar en la teoría, y que nunca cambia. Cultiva tu corazón. Riégalo continuamente con amor generoso y profunda compasión, y esfuérzate en eliminar todos los pensamientos y sentimientos que no están de acuerdo con el Amor. Devuelve bien por mal, amor por odio, gentileza por maltrato, y quédate callado cuando te ataquen. Así cambiarás todos tus deseos egoístas en el oro puro del Amor, y el Yo desaparecerá en la Verdad. Así trabajarás sin culpa entre los hombres, uncido con el ligero yugo de la humildad, y vestido con las ropas divinas de la modestia.

¡Ven, hermano cansado! Tu lucha y tu esfuerzo
Terminan en el corazón del Maestro de la Compasión;
¿Porqué atravesarás el desalentador desierto del yo,
Sediento de la ligera agua de la Verdad
Cuando aquí, por tu camino de búsqueda y pecado,
Fluye la alegre corriente de la Vida, reposa el verde oasis
    del Amor?

Ven, vuélvete y descansa; conoce el fin y el principio,
El buscado y el buscador, el vigía y el visto.
Tu Maestro no se sienta en las remotas montañas,
Ni reside en el espejismo que flota en el aire,
Ni descubrirás Sus mágicas fuentes
Por senderos de arena que rodean la desesperanza.

Deja de buscar fatigosamente en el oscuro desierto del Yo
El aroma de las huellas de tu Rey;
Y si llegaras a oír el dulce sonido de su hablar,
Sé sordo a todas las voces que cantan vacíamente.
Huye de los lugares efímeros;
    renuncia a todo lo que tienes;
Deja todo lo que amas, y descubierto y desnudo,
Arrójate al altar de lo Interior;
Ahí está lo Más Alto, lo Más Santo, lo Inmutable.
Por dentro, en el corazón del Silencio Él habita;
Deja la pena y el pecado, deja tu vagar dolido;
Ven a bañarte en Su Júbilo, mientras Él, murmurando, te dice
Lo que tu alma busca, y no vagues más.

Entonces cesa, cansado hermano,
 tu lucha y tu esfuerzo;
Halla la paz en el corazón del Maestro de la compasión.
Deja de andar fatigosamente a través del oscuro desierto
 del Yo;
Ven; bebe de las hermosas aguas de la Verdad.
Ven.

De la pobreza al poder

La adquisición de poder espiritual

El mundo está lleno de hombres y mujeres que buscan placer, emoción, novedad; que buscan siempre ser divertidos o conmovidos hasta las lágrimas; que no buscan fuerza, estabilidad, y poder; sino que cortejan a la debilidad, y dedicados a dispersar cualquier poder que tengan.

La adquisición de poder espiritual

Hombres y mujeres de verdadero poder e influencia son pocos, porque pocos están preparados para hacer el sacrificio necesario para la adquisición de poder, y todavía menos aún están listos para construir pacientemente su carácter.

Tambalearte por tus cambiantes pensamientos e impulsos es ser débil e impotente; controlar y dirigir rectamente esas fuerzas es ser fuerte y poderoso. Los hombres de fuertes pasiones animales tienen mucho de la ferocidad de la bestia, pero eso no es poder. Los elementos del poder están presentes; pero solamente cuando esta ferocidad es domada y controlada por la más alta inteligencia que comienza el verdadero poder; y los hombres pueden acrecentar su poder solamente despertando a estados cada vez más elevados de inteligencia y consciencia.

La diferencia entre un hombre débil y uno poderoso no

está en la fuerza de voluntad personal (el hombre terco por lo común es débil y necio), sino en el enfoque de la consciencia individual que representa sus diferentes estados de conocimiento.

Los buscadores de placer, los amantes de la emoción, los cazadores de novedades, y las víctimas del impulso y la emoción fuera de sí carecen del conocimiento de los principios que da equilibrio, estabilidad e influencia.

Un hombre comienza a desarrolla poder cuando, limitando sus impulsos e inclinaciones egoístas, se apoya en la consciencia más elevada y tranquila que reside dentro de él, y comienza a afirmarse sobre un principio. La comprensión profunda de principios inmutables en la consciencia es al mismo tiempo la fuente y el secreto de el más alto poder.

Cuando, después de mucha búsqueda, y sufrimiento, y sacrificio, alborea sobre el alma la luz de un principio eterno, una calma divina comienza e indecible júbilo alegra el corazón.

Quien ha comprendido tal principio deja de vagar, y permanece tranquilo y en posesión de sí mismo. Deja de ser un «esclavo de la pasión», y se convierte en un maestro constructor en el Templo del Destino.

El hombre gobernado por el Yo, y no por un principio, cambia su frente cuando sus comodidades egoístas se ven amenazadas. Completamente resuelto a defender y guardar sus propios intereses, considera válidos todos los medios que sirvan a su propósito. Está continuamente tramando cómo puede protegerse de sus enemigos, demasiado centrado en sí mismo para percibir que él es su propio enemigo. El trabajo de semejante hombre se desmorona, porque está separado de la Verdad y el poder. Todo el esfuerzo cimentado en el Yo, perece; sólo perdura el trabajo que está fundado en un principio indestructible.

El hombre que se yergue sobre un principio es siempre el mismo hombre calmado, impávido, controlado bajo cualquier circunstancia. Cuando llega la hora de la prueba, y tiene que decidir entre su comodidad personal y la Verdad, renuncia a sus comodidades y se mantiene firme. Aun el prospecto de la tortura y la muerte no puede alterarlo o disuadirlo.

El hombre del Yo considera la pérdida de su riqueza, sus comodidades o su vida como las mayores calamidades que pueden acaecerle. El hombre de principios, en cambio, considera estos incidentes como comparativamente insignificantes, y no comparables con la pérdida del carácter, la pérdida de la Verdad. Abandonar la Verdad, para él, es el único suceso que puede ser llamado realmente una calamidad.

Es la hora de la crisis quien decide quiénes son los lacayos de la oscuridad, y quiénes los hijos de la Luz. Es la época que amenaza desastre, ruina y persecución la que divide a las ovejas de las cabras, y revela los hombres y mujeres de poder a la mirada reverente de los tiempos venideros.

Es fácil para un hombre, en tanto siga gozando de sus posesiones, convencerse de que cree y se adhiere a los principios de Paz, Hermandad y Amor Universal; pero si, cuando su gozo es —o el imagina que es— amenazado, pide en alta voz la guerra, entonces muestra en lo que cree y lo que apoya, no la Paz, ni la Hermandad ni el Amor, sino lucha, egoísmo y odio.

El que no abandona sus principios cuando se ve amenazado con la pérdida de todas sus posesiones terrenas, aun la pérdida de su reputación y su vida, es un hombre de poder; es el hombre cuyas palabras y trabajos perduran; es el hombre a quien honran, veneran y adoran las generaciones venideras. Antes que abandonar el principio de Amor Divino sobre el cual se apoyaba, y en el que ponía toda su confianza, Jesús soportó el mayor extremo de agonía y privación; y hoy el mundo se postra ante sus perforados pies en arrobada adoración.

No hay modo de adquirir poder espiritual sino por la iluminación interna producto de la comprensión de principios espirituales; y esos principios sólo pueden ser comprendidos por práctica y aplicación constantes.

Toma el principio de Amor divino, y tranquila y diligentemente medita sobre él con el objeto de comprenderlo en todos sus detalles. Arroja su penetrante luz sobre todos tus hábitos, tus acciones, tu conversación e interacción con otros, sobre cada pensamiento y deseo secreto que tengas. A medida que perseveres haciendo esto, el Amor divino te será revelado más y más perfectamente, y tus deficiencias presentarán un contraste cada vez más vívido, espoleándote en tu renovado esfuerzo; y habiendo atisbado sólo una vez la incomparable majestad de ese principio imperecedero, no volverás a depender de tu debilidad, tu egoísmo, tu imperfección, sino que perseguirás ese Amor hasta que hallas eliminado cada elemento discordante, y logres estar en perfecta armonía con él. Y ése estado de armonía interna es poder espiritual.

Toma otros principios espirituales, como la Pureza y la Compasión, y aplícalas del mismo modo y, la Verdad es tan exigente, que no podrás detenerte, no hallarás punto de reposo sino hasta que el ropaje más interno de tu alma esté libre de toda mancha, y tu corazón sea incapaz de cualquier impulso duro, condenatorio y cruel.

Sólo en tanto entiendas, comprendas y dependas de estos principios, adquirirás poder espiritual, y ese poder se manifestará en ti y a través de ti en la forma de mayor imparcialidad, paciencia y ecuanimidad.

La imparcialidad demuestra un auto-control superior; la paciencia sublime es el sello del conocimiento divino, y mantener una calma imperturbable en medio de todos los deberes y distracciones de la vida distingue al hombre de poder.

Es fácil vivir en el mundo siguiendo la opinión del mundo; es fácil vivir en soledad con la propia opinión; pero el gran hombre es el que mantiene con perfecta dulzura la independencia de la soledad en medio de la multitud.

Algunos místicos mantienen que la perfección en la imparcialidad es la fuente de ese poder; los (así llamados) milagros son llevados a cabo, y en verdad el que ha logrado un control tan perfecto de todas sus fuerzas interiores de modo que ningún golpe, sin importar qué tan grande, puede sacarlo de equilibrio ni momentáneamente, debe ser capaz de guiar y dirigir esas fuerzas con mano maestra.

Crecer en auto-control, en paciencia, en ecuanimidad, es crecer en fuerza y poder; y sólo puedes crecer así enfocando tu consciencia sobre un principio. Como un niño que, después de muchos y vigorosos intentos para caminar sin ayuda, por fin lo logra después de numerosas caídas, así debes entrar el camino del poder intentando sostenerte solo.

Libérate de la tiranía de la costumbre, la tradición, el convencionalismo, y las opiniones de otros, hasta que logres caminar solo y erguido entre los hombres. Depende de tu propio juicio; sigue tu consciencia; sigue tu Luz interior; todas las luces externas son otros tantos fuegos fatuos.

Habrá quien te diga que eres un necio; que tu juicio está equivocado; que tu consciencia se ha echado a perder, y que tu Luz interna es oscuridad; pero no los escuches. Si lo que dicen es cierto, entre más rápidamente te des cuenta tú —buscador de sabiduría— será mejor, y sólo puedes descubrirlo poniendo a prueba tus poderes.

Por tanto, sigue tu curso valientemente. Tu conciencia es por fin tuya, y seguirla es ser hombre; seguir la conciencia de otro es ser un esclavo. Tendrás muchas caídas, sufrirás muchas heridas, soportarás muchas palizas por un tiempo, pero persevera en la fe, creyendo que te espera la victoria cierta y segura.

Busca una roca, un principio, y habiéndolo hallado

aférrate a él; ponlo bajo tus pies y párate erguido sobre él, hasta que al fin, inamoviblemente fijo sobre él, logres desafiar la furia de las olas y las tormentas del egoísmo.

Porque el egoísmo en cualquiera de sus formas es disipación, debilidad, muerte; la abnegación en su aspecto espiritual es conservación, poder, vida. A medida que creces en vida espiritual, y te estableces sobre principios, te volverás tan bello e inmutable como esos principios, probarás la dulzura de su esencia inmortal, y comprenderás la eterna e indestructible naturaleza del Dios interior.

Ninguna flecha dañina puede alcanzar al hombre justo,
De pie erguido entre las tormentas de odio,
Desafiando ser herido, lastimado y rechazado,
Rodeado por los temblorosos esclavos del Destino.
Majestuoso en la fuerza del poder silencioso,
Se mantiene sereno, no cambia ni da vuelta;
Paciente y firme en la hora más oscura del sufrimiento,
El tiempo se doblega ante él, y desdeña la muerte y la
  perdición.
Los siniestros rayos de la Ira juegan a su alrededor,
Y los profundos truenos del infierno ruedan sobre su cabeza;
Pero él no presta atención, porque no pueden dañarlo
A él que se para donde la tierra y el tiempo y el espacio
  no cuentan.
Protegido por amor inmortal, ¿qué puede temer?
Blindado con Verdad inmutable, ¿qué puede saber
De perder y ganar? Conociendo la eternidad,
Él no se mueve mientras las sombras van y vienen.
Llámenlo inmortal, llámenlo Verdad y Luz
  Y esplendor de majestad profética
Que así rogó entre los poderes de la noche,
Vestido con la gloria de la divinidad.

De la pobreza al poder

La realización de Amor abnegado

Se cuenta que Miguel Ángel veía en cada bloque de roca áspera una cosa bella esperando que la mano del maestro la sacara a la luz. Del mismo modo, dentro de cada uno reposa la Imagen Divina esperando que la mano maestra de la Fe y el cincel de la Paciencia la hagan manifestarse. Y esa Imagen Divina es revelada y realizada como Amor abnegado y sin mancha.

De la pobreza al poder

La realización de Amor abnegado

Escondido en lo profundo de cada corazón humano, aunque frecuentemente cubierto con una masa dura e impenetrable de sedimentos, está el espíritu del Amor Divino, cuya esencia santa y limpia es inmortal y eterna. Es la Verdad en el hombre; es lo que pertenece al Supremo: lo que es real e inmortal. Todo lo demás cambia y pasa; sólo esto es permanente e imperecedero; y realizar este Amor con incesante diligencia en la práctica de la más alta justicia, vivir y tomar plena conciencia de él, es entrar en la inmortalidad aquí y ahora, es unirse a la Verdad, uno con Dios, uno con el Corazón central de todas las cosas, y conocer nuestra naturaleza divina y eterna.

Para alcanzar este Amor, entenderlo y experimentarlo, uno debe trabajar con gran perseverancia y diligencia sobre su corazón y su mente, siempre debe renovar su paciencia y mantener fuerte su fe, porque habrá mucho que remover, mucho que lograr antes de que la Imagen

Divina sea revelada en toda su gloriosa belleza.

Quien se esfuerza para alcanzar y lograr lo divino será sometido a las más duras pruebas; y esto es absolutamente necesario, porque ¿de qué otro modo puede uno adquirir esa sublime paciencia sin la cual no hay verdadera sabiduría o divinidad? En ocasiones, a medida que progresa, todo su trabajo parecerá ser inútil, y sus esfuerzos parecerán desperdiciados. De vez en cuando, un toque apresurado manchará su imagen, y quizás cuando imagina que su trabajo está casi completado hallará totalmente destruido lo que imaginó ser la bella forma del Amor Divino y deberá comenzar de nuevo con su amarga experiencia como guía y ayuda.

Pero quien ha resuelto llevar a cabo lo Más Alto no reconoce algo como una derrota. Todos los fracasos son aparentes, no reales. Cada resbalón, cada caída, cada vuelta al egoísmo es una lección aprendida, una experiencia ganada, de la cual extrae un dorado grano de sabiduría, ayudando al luchador al logro de su loable propósito. Reconocer

> «Que de nuestros vicios podemos hacer
> Una escalera si acomodamos
> Bajo nuestros pies cada hecho vergonzoso»

es tomar el camino que inequívocamente lleva a lo Divino, y los defectos de quien reconoce esto son otros tantos niveles de Yo muertos, sobre los cuales se eleva, como si fueran piedras en el río, hacia cosas más elevadas.

Una vez que consideres tus defectos, tus penas

y sufrimientos como otras tantas voces diciéndote llanamente dónde eres débil y fallido, dónde caes por debajo de lo veraz y divino, entonces empezarás a observarte incesantemente, y cada resbalón, cada punzada de pena te mostrará en qué debes trabajar para acercarte más a la semejanza de lo Divino, al Amor Perfecto. Y a medida que procedes, día a día liberándote del egoísmo, el Amor que es abnegado gradualmente se revelará a ti.

Y cuando creces en paciencia y calma, cuando tus petulancias, berrinches e irritabilidades pasan de largo, y los apetitos y prejuicios más poderosos dejan de dominarte y esclavizarte, entonces sabrás que lo divino está despertando en ti, que te acercas al Corazón eterno, que no estás lejos de ese Amor abnegado, cuya posesión es paz e inmortalidad.

El Amor Divino se distingue de los amores humanos en un aspecto particular supremamente importante: está libre de parcialidad. Los amores humanos se aferran a un objeto en particular excluyendo a todos los demás, y cuando ese objeto es eliminado, resulta un grande y profundo sufrimiento para su amante.

El Amor Divino abarca todo el universo y, sin aferrarse a parte alguna, contiene en sí mismo el todo, y quien viene hacia él purificando y ensanchando gradualmente sus amores humanos hasta quemar todos los elementos egoístas e impuros, deja de sufrir. Es debido a que los amores humanos son estrechos y confinados y mezclados con egoísmo que causan sufrimiento. No puede resultar sufrimiento del Amor que es tan absolutamente puro que no busca cosa alguna para sí mismo.

Sin embargo, los amores humanos son absolutamente necesarios como escalones hacia lo Divino, y ninguna alma está preparada para participar del Amor Divino hasta que sea capaz del amor humano más intenso y profundo. Solamente al pasar por amores humanos y sufrimientos humanos que podemos alcanzar y realizar el Amor Divino.

Todos los amores humanos son perecederos como las formas a las que se aferran; pero hay un Amor que es imperecedero, y que no se aferra a las apariencias.

Todos los amores humanos son contrapuestos por odios humanos; pero hay un Amor que no admite oposición o reacción; divino y libre de cualquier adulteración del Yo, que libera su fragancia sobre todos por igual.

Los amores humanos son reflejos del Amor Divino, y atraen el alma hacia la realidad, el Amor que no conoce pena ni cambio.

Está bien que la madre, aferrándose con apasionada ternura a la pequeña e indefensa forma de su carne que yace en su regazo, se vea sobrecogida por las oscuras aguas de la pena cuando lo ve yaciendo sobre la fría tierra. Está bien que sus lágrimas fluyan y su corazón duela, porque solamente así puede recordar la naturaleza efímera de las alegrías y los objetos de los sentidos, y ser atraída hacia la Realidad eterna e imperecedera.

Está bien que amante, hermano, hermana, esposo, esposa sufran profunda tristeza, y sean envueltos en melancolía cuando les es arrancado el objeto visible de sus afectos, de manera que puedan aprender a volver sus afectos hacia Fuente invisible de todo, único lugar donde reside la satisfacción duradera.

Está bien que el orgulloso, el ambicioso, el egoísta, sufran derrota, humillación y desventura; que pasen por los abrasadores fuegos de la aflicción; porque sólo entonces puede el alma descarriada ser traída a reflexionar sobre el enigma de la vida; solamente entonces puede ser suavizado y purificado el corazón, y preparado para recibir la Verdad.

Cuando el aguijón de la tristeza penetra el corazón del amor humano; cuando la melancolía y la soledad y el abandono nublen el alma de la amistad y la confianza, entonces es cuando el corazón se vuelve hacia el acogedor amor de lo Eterno, y halla descanso en su silenciosa paz. Y quienquiera que viene a este Amor no regresa sin consuelo, no es aguijoneado por la tristeza ni rodeado por la melancolía; y nunca es abandonado en la hora oscura de la prueba.

La gloria del Amor Divino sólo puede ser revelada al corazón purificado por la pena, y la imagen del estado celestial solamente puede ser percibida y comprendida cuando los informes sedimentos sin vida de la ignorancia y del Yo son desechados.

Sólo ese Amor que no busca gratificación personal o recompensa, que no hace distinciones, y que no deja tras él dolores en otros corazones, puede ser llamado divino.

Los hombres, aferrándose al Yo y a las desconsoladoras sombras del mal, tienen por hábito de pensar en el Amor divino como algo que pertenece a un Dios fuera de todo alcance; como algo fuera de ellos mismos y que debe permanecer para siempre fuera de ellos. En verdad, el Amor de Dios está siempre fuera del alcance del Yo, pero cuando el corazón y la mente son vaciados del Yo, entonces el Amor abnegado, el Amor supremo, el Amor que es de Dios o del Bien se vuelve una realidad interna y duradera.

Y esta realización interna del Amor santo no es sino el Amor de Cristo del cual tanto se habla y tan poco se entiende. El Amor que no sólo salva tu alma del pecado, sino que eleva sobre el poder de la tentación.

Pero, ¿cómo puede uno lograr esta realización sublime? La respuesta que la Verdad ha dado siempre, y siempre dará a esta pregunta es: «Vacíate de ti mismo, y yo te llenaré.» El Amor Divino no puede ser conocido sino hasta que el Yo esté muerto, porque el Yo es la negación del Amor, y ¿cómo puede ser algo conocido mientras es negado? No es sino hasta que movemos la piedra que tapa el sepulcro del alma que el Cristo inmortal el puro Espíritu del Amor —hasta aquí crucificado, muerto y sepultado— deja caer las vendas de la ignorancia, y avanza con toda la majestad de Su resurrección.

Crees que el Cristo de Nazaret fue muerto y se levantó de nuevo. No digo que te equivoques en esa creencia; pero si rehúsas creer que el gentil espíritu del Amor es crucificado diariamente sobre la oscura cruz de tus deseos egoístas, entonces digo que yerras en pensar así, y que no has percibido, ni siquiera de lejos, el Amor de Cristo.

Dices que has probado la salvación en el Amor

de Cristo. ¿Estás salvado de tu temperamento, tu irritabilidad, tu vanidad, tus disgustos personales, tu juicio y condenación de otros? Si no, ¿de qué estás salvado, y dónde has realizado el transformador Amor de Cristo?

Quien ha realizado el Amor que es divino se ha convertido en un hombre nuevo, y ha dejado de ser movido y dominado por los viejos elementos del Yo. Es conocido por su paciencia, su pureza y su auto-control, la profunda caridad de su corazón y su inalterable dulzura.

El Amor divino o abnegado no es meramente un sentimiento o una emoción; es un estado de conocimiento que destruye el dominio del mal y la creencia en éste, y eleva el alma a la alegre comprensión del Bien supremo. Al que es divinamente sabio, conocimiento y Amor son uno e inseparables.

Es hacia la realización completa de este Amor divino que se mueve el mundo entero; es para este propósito que el universo fue creado, y cada intento hacia la felicidad, cada salida del alma hacia los objetos, ideas e ideales, es un esfuerzo para realizarlo. Pero el mundo no realiza este Amor en el momento presente porque está intentando asir la huidiza sombra y haciendo caso omiso de, en su ceguera, la sustancia. Y así continúan el sufrimiento y la pena, y deben continuar hasta que el mundo, con sus dolores auto-infligidos por maestros, descubra el Amor que es abnegado, la sabiduría que es calmada y llena de paz.

Y este Amor, esta Sabiduría, esta Paz, este tranquilo

estado de la mente y del corazón puede ser logrado, puede ser realizado por todos aquellos dispuestos y listos para renunciar al Yo, y que estén preparados para humildemente entrar en la comprensión de todo lo que involucra renunciar al Yo. No hay poder arbitrario en el universo, y las más fuertes cadenas del destino que atan a los hombres son de hechura personal de cada quien. Los hombres están encadenados a la causa del sufrimiento porque así lo quieren, porque aman sus cadenas, porque piensan que su pequeña y oscura prisión del Yo es dulce y hermosa, y temen que si salen de esa prisión perderán todo lo que es real y digno de poseer.

> «Vosotros sufren por ustedes mismos, nadie los obliga,
> Nadie más determina que vivan o mueran.»

Y el poder interno que forjó las cadenas y construyó a su alrededor la oscura y estrecha prisión, puede escapar cuando lo desee, y el alma l hace cuando ha descubierto la falta de valía de su prisión, cuando un largo sufrimiento la ha preparado para recibir Amor y Luz ilimitados.

Así como la sombra sigue a la forma, y así como el humo sigue al fuego, así el efecto sigue a la causa, y el sufrimiento y la alegría siguen los pensamientos y los hechos del hombre. No hay un efecto en el mundo a nuestro alrededor que no tenga su causa a la vista u oculta, y esa causa está de acuerdo con una justicia absoluta.

Los hombres cosechan sufrimiento porque en el pasado cercano o remoto sembraron las semillas del mal; cosechan alegría también como resultado de sembrar las semillas del bien. Dejen que un hombre medite sobre esto, déjenlo que se esfuerce en entenderlo, y entonces comenzará a sembrar solamente semillas del bien, y quemará las malezas que anteriormente crecían en el jardín de su corazón.

El mundo no entiende le Amor que es abnegado porque está demasiado concentrado en buscar su propio placer y atrapado dentro de los estrechos límites de intereses temporales, pensando erróneamente —en su ignorancia— que esos placeres e intereses son cosas reales y duraderas. Atrapado en las llamas de apetitos de la carne, y quemado por la tristeza, no ve la pura y pacífica belleza de la Verdad. Alimentándose con los residuos asquerosos del error y el auto-engaño, queda fuera de la mansión del Amor que todo lo ve.

Al no tener este Amor, ni entendiéndolo, los hombres instituyen innumerables reformas que dejan de lado el sacrificio interno, y cada uno imagina que su reforma arreglará al mundo para siempre, mientras que él mismo continúa propagando el mal al albergarlo en su corazón. Sólo podemos llamar reformas a las que tienden a reformar el corazón humano, porque todo el mal surge de ahí, y mientras el mundo no cese en su egoísmo y lucha partidaria y haya aprendido la lección del Amor divino, no podrá realizar la Era Dorada de la bendición universal.

Que los ricos dejen de despreciar a los pobres, y los pobres de condenar a los ricos; que los ambiciosos aprendan a dar, y que los lujuriosos se vuelvan puros; que los partidarios de una causa cesen en su lucha, y los poco caritativos empiecen a perdonar; que los envidiosos se esfuercen en alegrarse con otros, y que los difamadores se avergüencen de su conducta. Que los hombres y mujeres tomen este curso y ¡Albricias! estará muy cerca la Era Dorada. Por tanto, quien purifica su propio corazón el más grande benefactor del mundo.

Sin embargo, aún y cuando al mundo le está vedada—y le estará por muchas eras—semejante Era Dorada, que es la realización del Amor abnegado, tú puedes, si estás dispuesto, entrar en ella ahora, elevándote por encima de tu egoísta Yo; si te abstienes del prejuicio, el odio y la condenación y te dedicas al amor gentil y generoso.

El Amor abnegado no perdura donde hay odio, disgusto y condenación. Sólo puede residir en el corazón que ha cesado toda condenación.

Dices, «¿Cómo puedo amar al borracho, al hipócrita, al pérfido, al asesino? Me disgustan y me siento impulsado a condenarlos.»

Es verdad que no puedes amarlos emocionalmente, pero cuando dices que forzosamente deben disgustarte y debes condenarlos muestras que no estás familiarizado con el Gran Amor que gobierna todo, porque es posible lograr un estado tal de iluminación interior que te permitirá percibir el tren de causas por las cuales dichos hombres han llegado a ser lo que son, entrar en sus intensos sufrimientos, y conocer la certeza su purificación última. En la posesión de semejante conocimiento será imposible para ti que te disgusten o que los condenes, y siempre pensarás acerca de ellos con perfecta calma y profunda compasión.

La realización de Amor abnegado / 4

Si amas a la gente, y los alabas hasta el momento en que te frustran, o hacen algo que tú desapruebas, y a partir de ahí te desagradan y hablas mal de ellos, no estás gobernado por el Amor de Dios. Si, en tu corazón, estás continuamente acusando y condenando a otros, es que no ves el Amor abnegado.

Quien sabe que el Amor está en el corazón de todas las cosas, y ha comprendido que el poder de ese Amor basta para todo, no tiene lugar en su corazón para condenar.

Los hombres, al no conocer este Amor, se nombran a sí mismos juez y verdugo de sus iguales, olvidando que existe un Juez y Verdugo Eterno, y en tanto otros hombres se desvían de ellos en sus opiniones, sus reformas y métodos particulares, los llaman fanáticos, desequilibrados, carentes de juicio, de sinceridad, y de honestidad; en la medida que otros se aproximan a su patrón de comparación los ven como admirables. Así son los hombres centrados en el Yo.

Pero aquellos cuyo corazón está centrado en el Amor supremo no clasifican ni etiquetan así a los hombres; no buscan convertir a los demás a sus opiniones, ni convencerlos de la superioridad de sus métodos. Quien conoce la Ley del Amor, la vive, y mantiene la misma actitud de mente calmada y corazón dulce hacia todos. Los bajos y los virtuosos, los necios y los sabios, los ilustrados y los rústicos, los egoístas y los generosos reciben la misma bendición de su tranquilo pensamiento.

Sólo puedes lograr este conocimiento supremo, este Amor divino mediante un esfuerzo sin flaqueza en la auto-disciplina, y ganando una victoria tras otras sobre ti mismo. Solamente los puros de corazón ven a Dios, y cuando tu corazón está suficientemente purificado entrarás en el Nuevo Nacimiento, y el Amor que no muere, ni cambia, ni termina en dolor y pena despertará en ti, y tendrás paz.

Quien se esfuerza en el logro del Amor divino está buscando superar el espíritu de la condenación a otros, porque donde hay conocimiento espiritual, la condenación no puede existir, y solamente en el corazón incapaz de condenar es completamente realizado y perfeccionado el Amor.

El cristiano condena al ateo; el ateo se burla del cristiano, el católico y el protestante están trabados en una guerra de palabras, y el espíritu de la lucha y el odio manda donde la paz y el amor debieran estar.

«Quien odia a su hermano es un asesino,» un crucificador del divino Espíritu del Amor; no será sino hasta que puedas considerar a hombres de todas las religiones y sin religión con el mismo espíritu imparcial, con toda libertad del desagrado, y con ecuanimidad perfecta, tendrás que luchar por ese Amor que otorga libertad y salvación a quien lo posee.

La realización del conocimiento divino, el Amor abnegado, destruye completamente el espíritu de la condenación, dispersa todo el mal, y eleva la conciencia a la altura de la pura visión donde el Amor, la Bondad, la Justicia son vistas como universales, supremas, conquistadoras, indestructibles.

Entrena tu mente en un pensar fuerte, imparcial y gentil;

entrena tu corazón en la pureza y la compasión; entrena tu lengua para estar silenciosa y que su habla sea veraz y sin mancha; así entrarás el camino de la santidad y la paz, y en último término realizarás el Amor inmortal. Viviendo así, sin buscar convertir, convencerás; sin discutir, enseñarás; sin acariciar la ambición, los sabios te hallarán; y sin esforzarte para ganarte la opinión de la gente, someterás sus corazones. Porque el Amor lo conquista todo, todopoderoso; y los pensamientos, hechos y palabras del Amor no pueden perecer.

Saber que el Amor es universal, supremo, que basta para todo; estar liberado de los lastres del mal; dejar la inquietud interna; saber que todos los hombres se esfuerzan por realizar la Verdad cada uno a su modo; estar satisfecho; sin pena, sereno; esto es paz; esto es alegría; esto es inmortalidad; esto es Divinidad; esta es la realización del Amor abnegado.

Estuve de pie sobre la orilla, y vi las rocas
Que resistían el ataque del poderoso mar,
Y cuando pensé cómo los innumerables choques
Habían resistido una eternidad,
Dije, «Para gastar esta solidez,
Los incesantes esfuerzos de la solas son vanos.»

Pero entonces pensé en cómo las rocas se habían fisurado,
Y vi la arena y cascajo a mis pies
(Pobres remanentes pasivos de la resistencia empleada)
Dando tumbos donde encontraban el agua.
Entonces vi antiguas mojoneras bajo las olas,
Y supe que las aguas tenían esclavizadas a las rocas,
Vi forjado el poderoso trabajo de las aguas
Por suavidad paciente y flujo sin cesar;

Cómo hacían que el más orgulloso promontorio
Se doblegara a sus pies, y aplanaban colinas de gran masa;
Cómo las suaves gotas conquistaban la pared de diamante
Y la hacían caer.

Y entonces supe que el pecado duro y resistente
Debía ceder al fin a las vueltas sin cesar del Amor
Yendo y viniendo, siempre fluyendo
Sobre las orgullosas rocas del alma humana;
Que toda la resistencia había de pasar,
Y cada corazón ceder al final.

Entrando en el infinito

Desde el principio de los tiempos, el hombre, a pesar de sus apetitos y deseos corporales, en medio de su aferrarse a cosas temporales y terrenas, ha estado siempre consciente intuitivamente de lo limitada, pasajera e ilusoria que es su existencia material, y en sus momentos lúcidos y silenciosos ha tratado de alcanzar una comprensión del Infinito.

De la pobreza al poder

Entrando en el infinito

Mientras imagina vanamente que los placeres de la tierra son reales y satisfactorios, el dolor y la pena continuamente le recuerdan su naturaleza irreal y poco satisfactoria. Siempre luchando para creer que la satisfacción completa será hallada en las cosas materiales, es consciente de una revuelta interna y persistente contra esta creencia, revuelta que a la vez que refuta su esencial mortalidad, es prueba inherente e imperecedera de que sólo en lo inmortal, lo eterno, lo infinito puede hallar satisfacción y paz continua.

Y aquí está el terreno común de la fe; he aquí la raíz de toda la religión; he aquí el alma de la Hermandad y el corazón del Amor, que el hombre es esencial y espiritualmente divino y eterno, y que, inmerso en mortalidad y atribulado por la inquietud, siempre se esfuerza por entrar en la conciencia de su verdadera naturaleza.

El espíritu del hombre es inseparable del Infinito, y no puede ser satisfecho sino por el Infinito, y la carga de dolor continuará pesando sobre el corazón del hombre, y las sombras de la pena oscurecerán su camino hasta que —dejando de deambular por el mundo-sueño de la materia— vuelva a su hogar en la realidad de el Eterno.

Así como la más pequeña gota de agua separada del océano contiene todas las cualidades del océano, así el hombre, separado en su consciencia del Infinito, contiene dentro de sí su semejanza; y como la gota de agua debe, por la ley de su naturaleza, en último término hallar el camino de vuelta al océano y perderse en sus silenciosas profundidades, así el hombre, por la infalible ley de su naturaleza, volver a su fuente y perderse en el gran océano del Infinito.

El objetivo del hombre es volver a ser uno con el Infinito. Entrar en la perfecta armonía con la Ley Eterna es Sabiduría, Amor y Paz. Pero este estado divino es, y debe ser siempre, incomprensible a lo meramente personal.

Personalidad, separación, egoísmo son uno y lo mismo, y son la antítesis de la sabiduría y la divinidad. Por la rendición incondicional de la personalidad, la separación y el egoísmo cesan, y el hombre entra en la posesión de su herencia divina de inmortalidad e infinitud.

Tal rendición de la personalidad es considerada por la mente mundana y egoísta como la más lamentable de todas las calamidades, la pérdida más irreparable, cuando en realidad es la bendición suprema e incomparable, la única ganancia real y perdurable. La mente que sigue en la oscuridad acerca de las leyes internas del ser, y sobre la naturaleza y destino de su propia vida, se aferra a apariencias transitorias, cosas que en ellas mismas no poseen sustancia duradera, y al asirse así, perece, por el momento, entre los escombros de sus propias ilusiones.

Los hombres se aferran a la carne y la gratifican como si fuera a durar por siempre, y aunque traten de olvidar la cercanía y lo inevitable de su disolución, el temor de la muerte y de la pérdida de todo aquello que tienen asido opacan sus horas más felices, y la fría sombra de su propio egoísmo les sigue como un espectro sin remordimiento.

Y con la acumulación de comodidades temporales y lujos, la divinidad del hombre queda atontada, y se hunden más y más profundamente en la materialidad, en la vida perecedera de los sentidos, y donde hay suficiente intelecto, las teorías acerca de la inmortalidad de la carne llegan a ser consideradas verdades infalibles.

Cuando el alma del hombre queda nublada por el egoísmo en cualquiera de sus formas, pierde el poder de discriminación espiritual, y confunde lo temporal con lo eterno, lo perecedero con lo permanente, mortalidad con inmortalidad, y error con Verdad. Es por esto que el mundo ha llegado a estar lleno con teorías y especulaciones sin fundamento en la experiencia humana. Cada cuerpo de carne contiene dentro de sí mismo, los elementos de su propia destrucción, y por la ley inalterable de su propia naturaleza debe fallecer.

Lo que hay de perecedero en el universo nunca puede volverse permanente; lo permanente no puede fenecer; lo mortal no puede volverse inmortal; lo inmortal no puede morir; lo temporal no puede llegar a ser eterno y lo eterno volverse temporal; la apariencia no puede llegar a ser realidad, ni la realidad puede desvanecerse en apariencias; el error no puede llegar a ser Verdad, ni la Verdad convertirse en error. El hombre no puede inmortalizar la carne, sino, superando a la carne, abandonando sus inclinaciones, puede entrar la región de la inmortalidad. «Sólo Dios es inmortal», solamente llevando a cabo el estado-Dios de consciencia entra el hombre en la inmortalidad.

Toda la naturaleza en su miríada de formas de vida es cambiante, sin permanencia, sin resistencia. Sólo el Principio que forma a la naturaleza perdura. La Naturaleza es variada, y está marcada por la separación. El Principio formador es Uno, y está marcado por la unidad. Superando los sentidos y el egoísmo dentro de sí, que es la superación de la naturaleza, el hombre emerge de la crisálida de lo personal e ilusorio, se impulsa hacia la gloriosa luz de lo impersonal, la región de la Verdad universal, de donde vienen todas las cosas perecederas.

Que los hombres, por ende, practiquen la auto-negación; que conquisten sus inclinaciones animales; que rehúsen ser esclavizados por el lujo y el placer; que practiquen la virtud, y crezcan diariamente en virtudes más y más elevadas, hasta que por fin crezcan en lo Divino, y logren la práctica y la comprensión de la humildad, el perdón, compasión, y amor, cuya práctica y comprensión constituye la Divinidad.

«La buena voluntad da percepción,» y sólo aquél que ha conquistado su personalidad, que no tiene sino una actitud mental —la de la buena voluntad—

hacia todas las criaturas, tiene percepción divina, y es capaz de distinguir lo verdadero de lo falso. El hombre supremamente bueno es, por tanto, el sabio, el hombre divino, el vidente iluminado, el conocedor de lo Eterno.

Donde hallas gentileza continua, paciencia resistente, humildad sublime, manera de hablar agraciada, autocontrol, olvido de sí mismo, y profunda y abundante simpatía, busca la más alta sabiduría, busca la compañía de semejante persona, porque ha realizado lo Divino, vive con lo Eterno, se ha vuelto uno con el Infinito.

No le creas a quien es impaciente, dado a la ira, presuntuoso, que se aferra al placer y rehúsa dejar sus gratificaciones egoístas, y que no practica buena voluntad ni gran compasión, porque semejante persona no tiene sabiduría, todo su conocimiento es vano, y sus obras y palabras perecerán, porque están fundados en cosas pasajeras.

Que un hombre se abandone a sí mismo, que supere el mundo, que niegue lo personal; solamente por este camino puede entrar al corazón del infinito.

El mundo, el cuerpo, la personalidad son espejismos sobre el desierto de tiempo; sueños transitorios en la oscura noche del dormir espiritual, y aquellos que han cruzado el desierto, que han despertado espiritualmente, sólo ellos han comprendido la Realidad Universal donde quedan dispersas las apariencias y son destruidos el engaño y la ensoñación.

Hay una Gran Ley que exige obediencia incondicional, un principio incondicional que es la base de toda la diversidad, una Verdad eterna en la cual todos los problemas de la tierra pasan como sombras. Realizar esta Ley, esta Unidad, esta Verdad, es entrar en el Infinito, es volverse uno con lo Eterno.

Centrar la propia vida en la Gran Ley del Amor es entrar en la quietud, la armonía, la paz. Refrenarse de toda participación en el mal y la discordia; cesar de toda la resistencia al mal, y de la omisión de todo lo que es bueno, y replegarse a obediencia ciega a la santa calma interior, es entrar en lo más profundo del corazón de las cosas, es lograr una experiencia consciente, vital del principio eterno e infinito que siempre debe permanecer un oculto misterio al intelecto meramente perceptivo del mundo.

Hasta que este principio es realizado, el alma no se establece en la paz, y quien lo realiza es verdaderamente sabio; no sabio con la sabiduría de los instruidos, sino con la simplicidad de un corazón sin culpa y una hombría divina.

Entrar en la comprensión de lo Infinito y Eterno es elevarse por encima del tiempo, y del mundo, y del cuerpo, que constituyen el reino de la oscuridad; y es establecerse en la inmortalidad, el Cielo y el Espíritu, que forman el Imperio de la Luz.

La entrada en el Infinito no es una mera teoría o sentimiento. Es una experiencia vital resultado de la práctica asidua en la purificación interna. Cuando ya no se piensa que el cuerpo es, aun remotamente, el hombre real; cuando todos los apetitos y deseos han sido concienzudamente subyugados y purificados; cuando las emociones están descansadas y en calma, y cuando la oscilación del intelecto cesa y asegura aplomo perfecto, entonces y sólo entonces, la consciencia se vuelve uno con el Infinito; sólo hasta entonces son aseguradas la sabiduría de un niño y paz profunda.

Los hombres se agotan y envejecen por los problemas de la vida, y finalmente fallecen y los dejan sin resolver porque no pueden ver la salida de la oscuridad de la personalidad, demasiado absorbidos en sus limitaciones. Buscando salvar su vida personal, el hombre pierde la mayor e impersonal Vida en la Verdad; aferrándose a lo perecedero, queda fuera del conocimiento de lo Eterno.

Mediante la rendición de sí mismo son superadas todas las dificultades, y no hay error en el universo que el fuego del sacrificio interior no queme; no hay problema, sin importar qué tan grande, que no desaparezca como una sombra bajo la penetrante luz de la abnegación de uno mismo. Los problemas existen sólo en las ilusiones creadas por nosotros mismos, y desaparecen cuando uno abandona el Yo. Yo y error son sinónimos. El error está envuelto en la oscuridad de complejidad inconmensurable, pero la eterna simplicidad es la gloria de la Verdad.

El amor de sí mismo deja al hombre fuera de la Verdad, y buscando su propia felicidad personal pierden la alegría más profunda, más pura y más duradera. Dijo Carlyle: «Hay en el hombre algo más alto que el amor por la felicidad. Puede vivir sin felicidad, y en su lugar hallar bendición. No ames el placer, ama a Dios. Este es el Sí Para Siempre, donde son resueltas todas las contradicciones; y quien así camina y trabaja, hace bien.»

Quien ha abandonado ese Yo, esa personalidad que los hombres más aman, y a la cual se aferran con tan fiera tenacidad, ha dejado tras de sí toda la perplejidad, y ha entrado en una simplicidad tan profundamente simple que ha de ser vista por el mundo —tan envuelto como está en una red de errores— como necedad.

Pero alguien semejante ha realizado la mayor sabiduría, y descansa en el Infinito. Él «logra sin esforzarse», y todos los problemas se derriten en su presencia, porque ha entrado en la región de la realidad, y trata, no con efectos cambiantes sino con los inmutables principios de las cosas. Está iluminado con una sabiduría que es tan superior al raciocinio, como la razón es superior a la animalidad. Habiendo abandonado sus apetitos, sus errores y prejuicios, ha entrado en posesión del conocimiento de Dios, habiendo sacrificado el egoísta deseo del cielo, y junto con él el ignorante miedo del infierno; habiendo abandonado aun el amor por la vida misma, ha ganado alegría suprema y Vida Eterna, la Vida que une la vida y la muerte, y conoce su propia inmortalidad. Habiéndolo dejado todo sin reservas, ha ganado todo, y descansa en la paz del regazo del Infinito.

Solamente quien ha llegado a estar tan libre de sí mismo como para que le dé lo mismo ser aniquilado para vivir, o vivir para ser aniquilado, está listo para entrar en el Infinito. Solamente quien, dejando de confiar en su perecedero Yo, ha aprendido a confiar sin medida en la Gran Ley, el Bien Supremo, y está preparado para participar en alegría sin fin.

Para alguien así no hay más lamentos, ni decepciones, ni remordimiento, porque donde ha cesado todo el egoísmo no pueden existir estos sufrimientos; y lo que sea que le suceda, sabe que es para su propio bien, y está contento, no siendo ya el sirviente de sí mismo, sino sirviente del Supremo. Ya no es afectado por los cambios de la tierra, y cuando oye de guerras y rumores de guerras su paz no es perturbada, y donde los hombres se enojan y se vuelven cínicos y discutidores, el arroja compasión y amor. Aunque las apariencias puedan contradecirlo, el sabe que el mundo está progresando y que

> «A través de su risa y su llanto,
> A través de su vivir y conservar,
> A través de sus locuras y trabajos, zigzagueando dentro
>   y fuera de la vista,
> Al final desde el principio,
> A través de toda la virtud y todo el pecado,
> Enrollado del gran huso del Progreso de Dios, corre el
>   dorado hilo de la luz.»

Cuando una fiera tormenta ruge nadie está enojado por eso, porque saben que rápidamente pasará, y cuando las tormentas de la rivalidad devastan el mundo, el hombre sabio, mirando con el ojo de la Verdad y la compasión, sabe que todo pasará, y que de los escombros de los corazones rotos que deja a su paso será construido el Templo de la Sabiduría.

Sublimemente paciente; infinitamente compasivo; profundo, silencioso, y puro, su misma presencia es una bendición; y cuando habla los hombres meditan sus palabras en sus corazones, y por ellas se eleva a niveles mayores de logro. Así es quien ha entrado en el Infinito, quien por el poder del máximo sacrificio ha resuelto misterio sagrado de la vida.

*Cuestionando la Vida, el Destino y la Verdad,
Busqué a la oscura y laberíntica Esfinge,
Quien me habló de esta cosa extraña
   y maravillosa:
«La ocultación está en los ojos vendados,
Y Dios por sí mismo puede ver
   la Forma de Dios.»*

*Busqué resolver este misterio oculto
Vanamente por caminos de ceguera
   y dolor,
Pero cuando hallé el Camino del Amor
   y la Paz,
La Ocultación cesó, y ya no estuve ciego:
Entonces vi a Dios con sus propios ojos.*

Santos, sabios y salvadores: La Ley del Servicio

El espíritu del Amor que se manifiesta en una vida perfecta y redondeada, es la corona del ser y el fin supremo del conocimiento sobre esta tierra.

Santos, sabios y salvadores: La Ley del Servicio

La medida del amor de un hombre es la medida de su verdad, y la Verdad está muy lejos de aquellos cuya vida no está gobernada por el Amor. Los intolerantes y los condenatorios, aun y cuando profesen la más alta religión, tienen la menor medida de Verdad; mientras que aquellos que ejercen la paciencia, y aquellos que escuchan calmadamente y sin tomar partido a todos los bandos, y que llegan —e inclinan a otros a llegar— a conclusiones consideradas y rectas sobre todos los problemas y asuntos, tienen la mayor medida de Verdad. La prueba final de la sabiduría es ésta: ¿cómo vive un hombre? ¿Cuál es el espíritu que manifiesta? ¿Cómo actúa bajo la prueba y la tentación?

Muchos hombres que presumen de tener la Verdad son continuamente movidos por la pena, la decepción y la pasión, y se hunden bajo la primera pequeña prueba que les llega. La Verdad es nada si no inmutable, y en cuanto un hombre toma su posición sobre la Verdad se vuelve firme en la virtud, se eleva por encima de sus pasiones y emociones y su cambiante personalidad.

Los hombres formulan dogmas perecederos, y los llaman la Verdad. La Verdad no puede ser formulada; es inefable, y siempre más allá del alcance del intelecto. Sólo puede ser experimentada en la práctica; sólo puede ser manifestada como un corazón sin mancha y una vida perfecta.

¿Quién, en medio del caos de escuelas y credos y partidos, tiene la Verdad? El que la vive. El que la practica. El que, habiéndose elevado por sobre ese caos superándose a sí mismo, ya no se traba en él, sino que se sienta aparte, tranquilo, disminuido, calmado, y señor de sí mismo, libre de toda lucha, toda distorsión, toda condenación, y otorga sobre todos el alegre y generoso amor de la divinidad dentro de sí.

Quien es paciente, calmado, gentil y que perdona bajo todas las circunstancias, manifiesta la Verdad. La Verdad nunca será probada por palabrería y tratados ilustrados, ya que si los hombres no perciben la Verdad en la paciencia infinita, perdón a toda prueba, y compasión universal, las palabras tampoco podrán demostrarla.

Es fácil para el apasionado estar calmado y ser paciente cuando está solo, o está en medio de la calma. También es fácil para el poco caritativo ser gentil y amable cuando es tratado amablemente, pero quien retiene su paciencia y su calma bajo todas las pruebas, quien permanece sublimemente humilde y gentil bajo las circunstancias más difíciles, él, y él solo, tiene posesión de la inmaculada Verdad. Y esto es así porque tan elevadas virtudes pertenecen a lo Divino, y solamente pueden ser manifestadas por quien ha logrado la más alta sabiduría, quien ha abandonado su naturaleza egoísta y apasionada, quien ha comprendido la Ley suprema e inmutable, y se ha puesto en armonía con ella.

Por tanto, que los hombres cesen sus argumentos vanos y apasionados acerca de la Verdad, y que piensen y digan aquellas cosas que conducen a la armonía, la paz, el amor y la buena voluntad. Que practiquen virtudes del corazón, y que busquen humilde y diligentemente por la Verdad que libera el alma de todo error y pecado, de todo lo que empaña el corazón humano, y que oscurece, como una noche inacabable, la senda de las almas que vagan por el mundo.

Hay una gran Ley que abarca todo que es el cimiento y la causa del universo, la Ley del Amor. Ha sido llamada por muchos nombres en varios países y varios tiempos, pero detrás de todos sus nombres es posible descubrir la misma Ley inalterable por el ojo de la Verdad. Nombres, religiones, personalidades pasan, pero la Ley del Amor permanece. Llegar a poseer un conocimiento de esta Ley, estar en armonía consciente con ella, es volverse inmortal, invencible, indestructible.

Es por este esfuerzo del alma para realizar esta Ley que los hombres vuelven una y otra vez a vivir, a sufrir y a morir; y cuando es realizada, el sufrimiento cesa, la personalidad es dispersa, y la vida y la muerte carnales son destruidas, porque la consciencia se vuelve uno con el Eterno.

La Ley es absolutamente impersonal, y su más alta expresión manifiesta es la del Servicio. Cuando el corazón purificado ha realizado la Verdad, es llamado para hacer el último, más grande y más santo sacrificio, el sacrificio del bien ganado disfrute de la Verdad. Es en virtud de este sacrificio que el alma divinamente emancipada viene a habitar entre los hombres, vestida con un cuerpo de carne, contenta de vivir entre los más bajos y los más pequeños, y ser estimado como servidor de toda la humanidad. Esa sublime humildad manifiesta en los salvadores del mundo es el sello de la Esencia de Dios, y quien ha aniquilado la personalidad, y se ha convertido en una manifestación viva y visible del impersonal, eterno e ilimitado Espíritu del Amor, es elegido para recibir la adoración ilimitada de la posteridad.

Sólo quien logra en humillarse con la divina humildad —que no sólo es la extinción del Yo, sino que es vaciarse sobre el espíritu del amor abnegado— es exaltado sobre toda medida, y dado dominio espiritual en los corazones de la humanidad.

Todos los grandes maestros espirituales se han negado lujos personales, comodidades y premios, han abjurado el poder temporal, y han vivido y enseñado la Verdad ilimitada e impersonal. Compara sus vidas y enseñanzas, y hallarás la misma simplicidad, el mismo auto-sacrificio, la misma humildad, amor, y paz tanto predicadas como vividas por ellos. Enseñaron los mismos Principios eternos, cuya realización destruye todo el mal.

Quienes han sido alabados y adorados como los salvadores de la humanidad son manifestaciones de la Gran Ley impersonal, y siendo así, estaban libres de pasión y prejuicio, sin opiniones, ni una doctrina especial que predicar y defender, nunca buscaron convertir no hacer proselitismo. Viviendo en la más alta Bondad, la Perfección suprema, su único propósito era elevar a la humanidad manifestando esa Bondad en sus pensamientos, palabras y hechos. Están entre el hombre personal y el Dios impersonal, y sirven como tipos ejemplares para la salvación de la auto-esclavizada humanidad.

Los hombres que están inmersos en el Yo, y que no pueden comprender la Bondad que es absolutamente impersonal, niegan la divinidad a todos los salvadores excepto el propio, y entonces introducen odio personal y controversia doctrinal y, mientras defienden con pasión sus puntos de vista, se miran unos a otros como paganos o infieles, y así dejan sin efecto, en lo que a sus vidas concierne, la belleza generosa y santa grandeza de las vidas y enseñanzas de sus Maestros. La Verdad no puede ser limitada; no jamás puede ser la prerrogativa de hombre, escuela o nación alguna, y cuando la personalidad entra, la Verdad se pierde.

La gloria del santo, el sabio y el salvador es ésta: que ha llevado a cabo la más profunda humildad, la abnegación más sublime; habiendo cedido todo, hasta su propia personalidad, todas sus obras son santas y duraderas, porque están libres de toda mancha del Yo. Él da, sin pensar en recibir; trabaja sin lamentarse por el pasado o anticipar el futuro, y nunca busca recompensa.

Cuando el campesino ha roturado y arropado su tierra y ha puesto la semilla, sabe que ha hecho todo lo que puede hacer, y ahora debe confiar en los elementos, y esperar pacientemente para que el curso del tiempo traiga la cosecha, y que ninguna cantidad de ansiedad de su parte afectará el resultado. Aun así, quien ha realizado la Verdad avanza como sembrador de las semillas de la bondad, la pureza, el amor y la paz, sin expectativa, y nunca buscando resultados, sabiendo que hay una Gran Ley que gobierna todo que trae su cosecha a su debido tiempo, y que es a la vez la fuente de la conservación y la destrucción.

Los hombres, al no entender la divina simplicidad de un corazón profundamente abnegado, ven a su salvador particular como la manifestación de un milagro especial, como algo completamente aparte y distinto de la naturaleza de las cosas, y siendo —en su excelencia ética— eternamente inasequible para la humanidad entera.

Esta actitud de no creer (que eso es lo que es) en la divina perfectibilidad del hombre, paraliza el esfuerzo, y ata las almas de los hombres con fuertes sogas al pecado y el sufrimiento. Jesús «creció en sabiduría» y fue «perfeccionado por el sufrimiento». Lo que fue Jesús, fue porque llegó a serlo; lo que fue Buda, fue porque llegó a serlo; y cada santo llegó a serlo con perseverancia incansable en el auto-sacrificio.

Una vez que comprendas esto, una vez que comprendas que por un esfuerzo vigilante y perseverancia optimista puedes elevarte sobre tu naturaleza baja, y grandes y gloriosos serán los panoramas de logro que se abrirán a ti. Buda hizo un voto de no aflojar sus esfuerzos sino hasta que llegara al estado de perfección, y logró su propósito.

Lo que los santos, sabios y salvadores han logrado, tú también lo puedes lograr si tan sólo transitas el camino que ellos marcaron, el camino del auto-sacrificio, o servicio de auto-negación.

La verdad es muy simple. Dice «Renuncia al Yo», «Ven a Mí» (lejos de todo lo que mancha) «y yo te daré descanso.» Todas las montañas de comentarios que han sido apiladas sobre ella no pueden esconderla del corazón que busca seriamente la Justicia. No requiere aprendizaje; puede ser conocida a pesar del aprendizaje. Disfrazada de muchas formas por el hombre que se busca a sí mismo, la bella simplicidad y clara transparencia de la Verdad permanecen inalteradas y en todo su brillo, y el corazón abnegado entra y participa de su radiante brillo. No tejiendo teorías complejas, no construyendo filosofías especulativas es comprendida la Verdad; sino tejiendo la red de la pureza interna, construyendo el Templo de la vida sin mancha es comprendida la Verdad.

Quien toma este santo camino comienza por poner rienda a sus pasiones. Esta es la virtud, y es el comienzo de la santidad, y la santidad es el comienzo de la consagración.

El hombre completamente mundano gratifica todos sus deseos, y no les pone más rienda que la que exige la ley del lugar en el que vive; el hombre virtuoso refrena sus pasiones; el santo ataca al enemigo de la Verdad en su fortaleza dentro de su propio corazón, y pone freno a todos los pensamientos egoístas e impuros; mientras que el hombre consagrado es el que está libre de toda pasión y todo pensamiento impuro, y para quien la bondad y la pureza se han vuelto tan naturales como el aroma y el color son a la flor. El hombre consagrado es divinamente sabio; él solo conoce completa la Verdad, y ya está en un lugar de paz y quietud duraderas. Para él, el mal ha cesado; ha desaparecido en la luz universal de Todo-Lo-Bueno. La consagración es la medalla de la sabiduría.

Quien lucha incesantemente contra su propio egoísmo, y se esfuerza por reemplazarlo con amor que todo lo abarque, es un santo, ya sea que viva en una choza o en medio de las riquezas e influencia; o ya sea que predique o se mantenga desconocido.

Para el hijo del mundo, quien está comenzando a aspirar a cosas más elevadas, el santo —tal como un dulce San Francisco de Asís, o un conquistador San Antonio— es un espectáculo glorioso e inspirador; el santo, queda igualmente arrobado a la vista del sabio, sentado sereno y dedicado a Dios, el conquistador del pecado y la pena, ya no siendo atormentado más por la lamentación y el remordimiento, y a quien ni siquiera la tentación puede alcanzarle; y aun el sabio es es atraído por una visión todavía más gloriosa, la del salvador manifestando activamente su conocimiento en obras abnegadas, y aumentando la potencia para el bien de su divinidad al sumergirse en el corazón dolorido, apenado y aspirante de la humanidad.

Y sólo esto es el verdadero servicio: olvidarse de uno mismo en amor hacia todos, perderse en trabajar para el todo. ¡Oh hombre vano y necio, que piensa que sus muchas obras pueden salvarle, quien, encadenado al error, habla altamente de sí mismo, su trabajo, y sus muchos sacrificios, y magnifica su propia importancia; sabe esto, que aunque tu fama llene toda la tierra, toda tu obra se volverá polvo, y serás considerado menor que el más pequeño en el Reino de la Verdad!

Sólo la obra impersonal puede vivir; las obras del Yo son impotentes y perecederas. Donde los deberes, sin importar lo humildes, son cumplidos desinteresadamente y con alegre sacrificio, hay verdadero servicio y obra duradera. Donde las acciones, sin importar lo brillantes y en apariencia exitosas, son hechas por amor a uno mismo, es ignorada la Ley del Servicio, y la obra perece.

Es dado al mundo aprender una grande y divina lección, la lección de la abnegación absoluta. Los santos, sabios y salvadores de todos los tiempos son quienes se han dedicado a esta tarea, y la han aprendido y la han vivido. Todas las Escrituras del mundo están dirigidas a enseñar esta lección; todos los grandes maestros insisten en ella. Es demasiado simple para el mundo que, burlándola, camina tambaleante en los complejos caminos del egoísmo.

Un corazón puro es el fin de toda religión y el comienzo de la divinidad. Buscar esta Justicia es recorrer el Camino de la Verdad y la Paz, y quien toma este Camino pronto percibirá esa Inmortalidad que es independiente del nacimiento y la muerte, y comprenderá que en la economía Divina del universo no se pierde ni el más humilde esfuerzo.

*Grande gloria corona las alturas de la esperanza ganadas
  por ardua lucha;*
*Brillante honor rodea la venerable cabeza que ha hecho
  obras poderosas;*
*Justa riqueza viene a quien sigue los caminos de la
  ganancia dorada.*
*Y la fama enaltece el nombre de quien trabaja con
  mente brillante de genio;*
Pero gloria aun mayor espera a quien, en lucha incruenta
*Contra sí mismo y el error, adopta, por amor, la vida de
  sacrificio;*
*Y más brillante honor rodea la frente de quien, en medio
  de las burlas*
*Deje los ciegos idólatras del Yo, acepta la corona de
  espinas;*
*Y más justa y pura riqueza viene a quien hace gran
  esfuerzo*
*Para caminar los caminos del amor y la verdad para
  endulzar vidas humanas;*
*Y quien sirve bien a la humanidad intercambia fama
  pasajera*
Por Luz eterna, Alegría y Paz, y túnicas de llama celestial.

La realización de la paz perfecta

En el universo externo hay incesante confusión, cambio e inquietud; en el corazón de todas las cosas hay reposo sin molestias; en este profundo silencio reside lo Eterno.

La realización de la paz perfecta

El hombre participa de esta dualidad, y tanto el cambio superficial y la inquietud, como la profunda residencia eterna de la Paz, están contenidas en él.

Así como hay silenciosas profundidades en el océano donde la más fiera tormenta no puede llegar, así hay silenciosas, santas profundidades en el corazón del hombre donde las tormentas del pecado y la pena no pueden alcanzar. Alcanzar este silencio y vivir conscientemente en él es la paz.

La discordia abunda en el mundo externo, pero la armonía continua gobierna el corazón del universo. El alma humana, desgarrada por las discordantes pasión y aflicción, alarga sus brazos ciegamente hacia la armonía del estado sin pecado, y alcanzar este estado y vivir conscientemente en él es la paz.

El odio siega vidas humanas, fomenta la persecución, y arroja a las naciones a guerra despiadada, y aun así los hombres, aunque no entienden porqué, conservan cierta fe en que hay un Amor Perfecto eclipsado; y alcanzar este Amor y vivir conscientemente en él es la paz.

Y esta paz interna, este silencio, esta armonía, este Amor, es el Reino de los Cielos, el cual es tan difícil de alcanzar porque pocos están dispuestos a renunciar a ellos mismos y volverse como niños pequeños.

> «*La puerta del cielo es muy estrecha y diminuta.*
> *No puede ser percibida por hombres necios*
> *Cegados por vanas ilusiones del mundo;*
> *Aun los de vista clara que distinguen el camino,*
> *Y buscan entra, hallan la puerta cerrada,*
> *Y difícil de abrir. Sus enormes pernos*
> *Son el orgullo y la pasión, la avaricia y la lujuria.*»

Los hombres gritan ¡paz! ¡paz! Cuando no hay paz, sino por el contrario, discordia, inquietud y lucha. Lejos de la Sabiduría que es inseparable de la auto-renunciación, no puede haber paz real y duradera.

La paz que resulta de la comodidad social, la gratificación pasajera, o victorias mundanas es transitoria por naturaleza, y se quema al calor de las llameantes pruebas. Sólo la Paz del Cielo resiste a través de las pruebas, y sólo el corazón abnegado puede conocer la Paz del Cielo.

La Santidad por ella misma es paz que no muere. El auto-control lleva a ella, y la siempre creciente Luz de la Sabiduría guía al peregrino en su camino. La participación en ella comienza tan pronto como se toma el sendero de la virtud, pero sólo es llevada a cabo completamente cuando el Yo desaparece en la consumación de una vida sin mancha.

> *«Esta es la paz,*
> *Para conquistar el amor a uno mismo*
> *y la lujuria por la vida,*
> *Para arrancar la pasión enraizada*
> *en el corazón*
> *Para aquietar la lucha interna.»*

¡Oh lector! Si llegaras a realizar la Luz que nunca se apaga, la Alegría que nunca termina, y la tranquilidad que no puede ser turbada; si llegaras a dejar atrás para siempre tus pecados, tus penas, tus ansiedades y momentos de perplejidad; si, te digo, tomaras parte de esta salvación, en esta Vida gloriosamente suprema, entonces te conquistarías a ti mismo. ==Obliga a cada pensamiento, cada impulso, cada deseo a obedecer perfectamente al poder divino que reside dentro de ti.==

No hay otro camino a la paz que éste, y si te rehúsas a transitarlo, tus muchas oraciones y tu estricta adherencia al ritual será infructuosa e inútil, y ni los dioses ni los ángeles pueden ayudarte. Solo a quien supera esto le es dada la piedra blanca de la vida regenerada, sobre la cual está escrito el Nombre Nuevo e Inefable.

Aléjate, por un tiempo, de las cosas externas, de los placeres de los sentidos, de los argumentos intelectuales, del ruido y las emociones del mundo, y retírate a la cámara más interna de tu corazón, y ahí, libre de la intrusión sacrílega de todos los deseos egoístas, hallarás un profundo silencio, una santa calma, un reposo alegre, y si descansas un momento en ese santo lugar, y meditas ahí, el ojo infalible de la Verdad se abrirá dentro de ti, y verás las cosas como realmente son.

Este santo lugar dentro de ti es tu Yo real y eterno; es lo divino dentro de ti; y sólo cuando te identifiques con éste puedes decir que estás "vestido y con la mente clara". Es la residencia de la paz, el templo de la sabiduría, la madriguera de la inmortalidad. Lejos de este lugar interno de descanso, esta Montaña de Visión, no puede haber verdadera paz, ni conocimiento de lo Divino, y su puedes permanecer ahí por un minuto, una hora, o un día, es posible que permanezcas ahí siempre.

Todos tus pecados y penas, tus miedos y ansiedades son tuyos, y puedes aferrarte a ellos o puedes renunciar a ellos. Por tu propia voluntad te aferras a tu inquietud; por tu propia voluntad puedes venir a la paz duradera. Nadie puede renunciar al pecado por ti, debes hacerlo tú mismo. El maestro más grande no puede más que caminar por sí mismo el sendero de la Verdad, y señalártelo; tú mismo debes caminar por él. Puedes obtener libertad y paz solamente por tu propio esfuerzo, dejando ir lo que ata el alma, y que destruye la paz.

Los ángeles de la paz divina y la alegría están siempre a la mano, y si no los ves, y los oyes, y habitas con ellos, es porque tú te cierras a ellos, y prefieres la compañía de los espíritus del mal dentro de ti. Eres lo que aplicas tu voluntad a ser, lo que deseas ser, lo que prefieres ser. Puedes comenzar a purificarte, y al hacerlo puedes llegar a la paz, o puedes rehusar a purificarte, y permanecer sufriendo.

Hazte a un lado, entonces; sal de las preocupaciones y la fiebre de la vida; lejos del quemante calor del Yo, y entra al lugar interno de descanso donde los refrescantes aires de la paz te calmarán, renovarán y restaurarán.

Sal de las tormentas del pecado y la tristeza. ¡Porqué estar atribulado y zarandeado por las tempestades cuando es tuyo el refugio de la Paz de Dios!

Renuncia a la búsqueda de ti mismo; renuncia al Yo, y ¡albricias! ¡La Paz de Dios es tuya!

Subyuga al animal dentro de ti; conquista cada impulso egoísta, cada voz discordante; transmuta los metales bajos de tu naturaleza egoísta en el puro oro del Amor, y realizarás la Vida de la Paz Perfecta. Subyugando así, conquistando así, transmutando así, cruzarás —¡Oh lector! mientras vivas— las oscuras aguas de la mortalidad, y alcanzarás esa Costa sobre la cual nunca golpean las tormentas de la pena, y donde el sufrimiento y la oscura incertidumbre no pueden llegar. De pie sobre esa Costa, santo, compasivo, despierto y auto-poseído y alegre con alegría interminable, comprenderás que

> «*El Espíritu no fue nacido,*
> *el Espíritu nunca cesará de ser;*
> *Nunca fue tiempo que no fue,*
> *final y principio son sueños;*
> *Sin nacimiento y sin muerte e inmutable, el Espíritu*
> *permanece para siempre;*
> *La Muerte no ha tocado todo,*
> *aunque muerta se ve su casa."*

Entonces conocerás el significado de Pecado, de Pena, de Sufrimiento, y que su fin último es la Sabiduría; conocerás la causa y el resultado de la existencia.

Y con esta comprensión descansarás, ya que éste es el júbilo de la inmortalidad, la alegría inmutable, el conocimiento sin lastre, la Sabiduría pura, el Amor que no muere; esto, y sólo esto, es la realización de la Paz Perfecta.

¡Oh tú que enseñarías a los hombres la Verdad!
¿Has pasado por el desierto de la duda?
¿Estás purificado por los fuegos de la pena?
¿La compasión ha echado de tu corazón los demonios
 de la opinión?
¿Es tu alma tan pura que ningún pensamiento falso
 encuentra refugio en ella?

¡Oh tú que enseñarías a los hombre el Amor!
¿Has pasado por el lugar de la desesperación?
¿Has llorado en la oscura noche de la aflicción?
¿Acaso tu corazón (ahora libre de su pena y cuidado)
Se mueve a compasiva gentileza,
Al ver error, y odio e incesante tensión?

¡Oh tú que enseñarías a los hombres la Paz!
¿Has cruzado el ancho océano de la lucha?
¿Has hallado en las Costas del Silencio,
La liberación de la salvaje inquietud de la vida?
¿Está ido de tu humano corazón todo el esfuerzo,
Dejando solos la Verdad, y el Amor
 y la Paz?